北欧の神話伝承 ― 11
- ミョルニル ― 12
- ミストルテイン ― 16
- グングニル ― 18
- グラーシーザ ― 22
- オティヌスの弩 ― 24
- ヨウカハイネンの弩 ― 26

その他ヨーロッパの神話伝承 ― 67
- 金の穂先の槍 ― 68
- マルテ ― 70
- ロムルスの槍 ― 72
- フライクーゲル ― 74
- 六枚羽根の黄金色の槌矛 ― 76
- ペルーンの斧 ― 78

ケルト神話・アーサー王伝説 ― 29
- ルーの槍 ― 30
- タスラム ― 32
- ダグザの棍棒 ― 34
- ルーン ― 36
- ゲイ・ボルグ ― 38
- ガ・ジャルグ&ガ・ボー ― 42
- ロンゴミアント ― 44
- 無駄なしの弓 ― 46
- ビグウィギンの槍 ― 48

ギリシャ神話 ― 51
- アダマスの鎌 ― 52
- トライデント ― 54
- アポロンの弓矢&アルテミスの弓矢 ― 56
- テュルソス ― 60
- アキレウスの槍 ― 62
- ヒュドラの毒矢 ― 64

インド神話・その他アジア伝承 ― 101
- ヴァジュラ ― 102
- スダルシャナ ― 106
- トリシューラ ― 108
- アグネアの矢 ― 110
- ガーンディーヴァ ― 112
- グプ ― 114
- シャバル・シューギン ― 116

中国・日本の神話伝承 ─ 121

- 天之瓊矛 ─ 122
- 天之麻迦古弓＆天羽々矢 ─ 124
- 雷上動と水破＆兵破 ─ 126
- 如意金箍棒 ─ 128
- 乾坤圏＆火尖槍 ─ 130

中近東・アフリカ・アメリカ・太平洋 ─ 81

- ヤグルシ＆アイムール ─ 82
- シタ＆ミトゥム ─ 84
- ロンギヌスの槍 ─ 86
- 牛頭の槌矛 ─ 90
- クマグドラックの魔の矢 ─ 92
- シウコアトル ─ 94
- 虹の弓 ─ 96
- ムリ・ランガ・フェヌアの顎の骨 ─ 98

凡例

各項目の先頭についているマークは、武器の種類をあらわすアイコンです。

● 槍	● 弩
● 投げ槍	● 弾丸
● 斧	● 戦輪
● 鎌	● 投槍器
● 棍棒	● ヴァジュラ
● 槌	● 爆弾
● 弓／矢	

世界の神聖武器INDEX
Sacred weapon of the world

はじめに

　神話や伝説のクライマックスといえば、神々や英雄たちがその力を振り絞る「戦い」がその筆頭にあげられるでしょう。
　彼らは自分の力を預けるに足る武器を手に、ある者は悪を滅ぼすため、ある者は恋する女性を救うためにその力を振るいます。彼らの武器には固有の名前がつけられ、凡百の武器とはまったく異なる超常的な力が備わっているのです。

　この「萌える！ 神聖武器事典」は、世界各地の神話や伝説に登場する偉大な武器を、合計47組55本紹介する事典です。そのなかには神が振るう武器や、神の祝福を受けた武器、魔法や悪魔の力を込められた武器など、恐るべき力を有するものが多数存在します。雷神トールのハンマー「ミョルニル」、イエス・キリストを貫いた「ロンギヌスの槍」など有名なもののほか、これまで日本ではほとんど紹介されてこなかった武器まで多数紹介。あなたの好奇心をきっと満足させます。

　また、本書では世界の神話伝承に登場する武器のうち「剣」以外のものを紹介しています。既刊「萌える！ 聖剣・魔剣事典」とあわせて読むことで、ヨーロッパや中東の伝承に登場する、あらゆる種類の武器を知ることができます。この本が気に入ったら、ぜひ2冊あわせて読んでみてください！

データ欄の見かた

武器の紹介ページに掲載されているタイトル部分には、以下のような情報が書かれています。

地図
武器の伝承が残る場所、武器が活躍した場所などを☆マークで表示します。

武器の名前

データ欄

- 【欧文表記】：武器の名前のアルファベット表記
- 【武器タイプ】：武器タイプ
- 【出典】：武器が登場する物語、伝承の出展資料名
- 【おもな使い手】：武器を使って戦った、人間や神の名前
- 【活躍した時代】：武器が活躍した年代。創作の場合は設定年代

凡例と注意点

凡例
本文内で特殊なカッコが使われている場合、それぞれ以下の意味を持ちます。
- 『　』……原典資料の名前
- 《　》……近現代の解説資料の名前

武器、人物の名称
本書で紹介する武器や人物の名前には、元の言語や訳し方によって、複数の異なる表記が存在するものがあります。
本書では、そのなかから広く知られた表記法、権威のある表記法を選んで採用しています。

プロローグ -Prologue-

　アジアの南に位置する、大河と太陽とカレーの国、インド。
この国で美と幸運の女神として崇拝されているラクシュミ様は、
世界中の男神が放っておかない美人で評判の女神様ですが、ご本人はあくまで旦那様一筋のご様子です。

　さて、そんなラクシュミ様が愛してやまないヴィシュヌ様は、優秀でハンサムな最高神様です。ところがヴィシュヌ様には、困ったことに収集癖と放浪癖があってなにかと留守がち……なのですがそこはそれ、旦那様が家を空けているひとりの時間も、ラクシュミ様にとっては旦那様との愛をはぐくむ時間です。
今日もお布団パタパタ、お部屋を片付け、家をピカピカにして愛するヴィシュヌ様の帰りを待ち続けていたのですが……。

お片づけ♪　お片づけ♪
あら？ ヴィシュヌ様、またこんなにたくさん、がらくたを拾ってきたんですね……捨てるわたしの身にもなっていただきたいです、ね。（ガラガラ）
とはいえ最近は、空飛ぶヴィマーナさんに預けるだけでゴミ処理場まで運んでくれますから。
そこは、ずいぶん楽になりましたけれど♪

（ガチャ）
奥様〜！ ただいま戻りました〜！

待たせたなラクシュミ、いま帰ったぞ……ん？ ラクシュミよ、このあたりに置いておいたオレの「4大武器」がないのだが、知らないか？

ええっ、「4大武器」！？ そんなに大切なものだったのですか！？
どど、どうしましょう！　いらないものだと勘違いして、ゴミに出してしまいました……。
すみませ〜ん!!　ゴミ回収ヴィマーナさん、待ってくださ〜い!!

大変！　ヴィシュヌ様の神器を捨ててしまうなんて！
旦那様の武器を求めるラクシュミ様の冒険、はじまります！

案内役のご紹介！

読者のみなさんを神聖武器の世界に招待する、4人＋1羽の案内役をご紹介！

奥様は女神様！
ラクシュミ

インド神話の美と豊穣と幸運の女神様。神話の世界でも評判の美人さんであり、清楚でのんびり気味に見えるうえ、夫のヴィシュヌが近くにいないことが多いため、いつも男性から言い寄られている。だが本人は別の男性にはまったく興味がない模様。

> もう、わたしったら何てことをしてしまったんでしょう!?　ヴィシュヌ様の「4大武器」をゴミに出してしまうなんて……ヴィシュヌ様は許してくださいましたけど、これでは申し訳ありません……。
> あ、そういえばもうすぐ結婚記念日ではありませんか。よしっ、この機会に、ヴィシュヌ様に似合う素敵な武器をプレゼントしましょう！

世界を守護する旦那様
ヴィシュヌ＆スパルナ

インド神話の世界を守る、3柱の最高神のひとり。非常にりっぱな神様なのだが、収集癖と放浪癖があるのが困りもの。乗っているのは霊鳥「スパルナ」。ヴィシュヌの前任の神獣だった父「ガルダ」のあとを引き継ぐべく、周囲に見守られながら修行中。

> ふむ。もとはといえば、4大武器を適当に置きっぱなしにしていたオレが悪いのだから、気にしなくてもよいのだがな……まあ、ラクシュミがなにやらやる気になっているようではあるし、なにをしてくれるのか楽しみに待とうか。さあスパルナよ、それまでぶらりと旅にでも出るぞ。

> はいデス！おつかまりくださいヴィシュヌ様！

ゲストのご紹介！ メインの案内役4人以外の、ゲストの案内役をご紹介します。

カグヤ＆ヒノカグツチ
パンドラとウェルゥの親友である新米鍛冶神カグヤと、そのお師匠様。本書では武器を作る「鍛冶師」の紹介記事を担当。

ブリギッド
ウェルゥに剣の作り方を教えた師匠のひとり。本書では解説記事の補足説明役を担当。

メティス
知恵の女神にして不思議なアイテムを売りさばく商人。本書では「兵器」紹介の案内役を担当。

ギリシャの箱入りお嬢様
パンドラ&箱さん

ギリシャ神話の鍛冶神ヘパイストスの大事な大事な箱入り娘。ひっきりなしにラブレターを受け取るモテ娘で、そのあたりは神様に言い寄られてばかりのラクシュミ様にシンパシーを感じるよう。相方はお目付役の「箱さん」。正しくはピュクシスというカッコイイ名前があるのだが、みんな「パンドラの箱」としか呼んでくれない。

> パンドラはん、ラクシュミはんがええ武器を探してはるで。

> あら、それは大変。でも武器のことでしたら、わたくしのお友達、ウェルルゥちゃんにおまかせすれば大丈夫ですよ♪

北欧の鍛冶師ヴァルキリー
ウェルルゥ

> 武器をお求めの女神様がいると聞いて、すっ飛んできました～っ!! ぜひぜひこのウェルルゥに注文してほしいって気がするよ～! 世界の神様がぶったまげるような、すごい武器を作りますから! ね!

北欧神話のヴァルキリーのひとりで、最高神オーディンから鍛冶の技術を教わった見習い鍛冶師。技術はまだまだ半人前だが、ひらめきにまかせて奇想天外な武器を生み出す。

 ラクシュミ様はじめまして! 戦わない女神様が武器の注文って、すっごく久々な気がするよ～! さっそくですがどんな武器が必要って気がするんですか～?

 じつは、わたしの夫……最高神ヴィシュヌ様が大事にしている武器を間違えて捨ててしまいまして……。今度の結婚記念日に、かわりの武器をプレゼントしてさしあげたいんです。

 そういうことなら、ウェルルゥちゃんが素敵な武器を作ってくれると思いますよ♪ あと、わたくしのお父様はギリシャの鍛冶神ヘパイストス様です。困ったパパですけど、きっといい知恵をくれると思いますわ♪

 まあ、それはたのもしいです。おふたりとも、今回はぜひよろしくお願いしますね?

まずは8ページで、武器の種類を勉強しよう!

この本では……どんな"武器"を紹介するの？

それじゃあさっそく、注文したい武器を教えてくださーい！
剣でも槍でも弓矢でも、武器といえるものならなんでも作っちゃうよ！
ラクシュミさんの旦那様にはどんな武器が似合うかなあ？

あのあと倉庫を確認したのですけど、剣だけは残っていまして……。
ですから剣以外の武器でお願いしたいのです。

なるほど、剣を持つと片手が空きますから、次の武器は反対側の手だけで持てる武器にしたほうがいいですわね。斧とかハンマーとか……。あ、そういえばインドの神様は腕の本数を増やせるのでしたっけ。なら何でもOKですわね。

何でもOK……そうなのですか。
実はわたし、武器のことはほとんどわからないのです。
おふたりのほうで選んでいただけませんか？

ウェルルゥはん、これは普通に種類決めて、特性決めてってやるのはよくないですわ。まずはどんな武器があるのか見てもらったほうがよいのと違いますか？

うーん、それがよさそうだね。
それじゃあラクシュミさん、旦那様以外の神様や、人間の英雄が、
どんな武器を使っているのか見学しに行ってみませんか？

まあ、それは素敵ですね♪
ぜひともよろしくお願いします。

「剣」について知りたいなら『萌える！聖剣・魔剣事典』で！

はじめまして。私はケルト神話の鍛冶神、ブリギッドと申します。
上でお客様に応対しているウェルルゥは、かつて私が剣作りを教えた生徒のひとりですね。
この本で紹介するのは、神話伝承に登場する武器のうち「剣」以外の武器となっています。剣について知りたい方には、シリーズの既刊『萌える！聖剣・魔剣事典』をおすすめしますよ。

萌える！聖剣・魔剣事典
B5版 192ページ　フルカラー
定価：1800円＋税

武器の種類は6ジャンル12種類！

世界には、敵を倒すために独自の進化をとげた、多彩な武器が存在します。本書ではそれらの武器を、武器の機能や外見によって、6つのジャンルと12の種類に分けて紹介します。

槍

長い柄の先端に鋭い穂先を持ち、穂先で突き刺すことで敵を攻撃するための武器です。

"槍"に含まれる武器
 槍　　 投げ槍

射出武器

器械的な仕掛けによって、矢や弾などを発射し、遠くにいる敵を攻撃するための武器です。

"射出武器"に含まれる武器
 弓／矢　 弩　 弾丸

斧

柄の先端に近い方に、叩き切るための刃をつけた武器で、威力に優れています。

"斧"に含まれる武器
 斧　　 鎌

投擲武器

物体を遠くに飛ばして攻撃する武器のなかでも、人間の力で投げたり、発射する武器のことです。

"投擲武器"に含まれる武器
 戦輪　 投槍器

槌

刃や穂先の鋭さではなく、武器の硬さと重さを頼りにして、衝撃で敵を攻撃する武器です。

"槌"に含まれる武器
 棍棒　 槌

特殊武器

ここまでの5ジャンルに含まれない、特別な方法で攻撃する武器は「特殊武器」に分類します。

"特殊武器"に含まれる武器
 ヴァジュラ　爆弾

いろいろな種類があるんですねえ。どの武器も強そうで……うーん、迷ってしまいます。

武器は大きな買い物だし、すぐに決まらないのは当たり前って気がするよ。そうなると、実物を見てもらったほうがいいかもしれないなあ。

要は見学会をするっちゅうことですな。そうなる思って準備はしておきましたわ、パンドラはん。さっそく行ってみましょ！

11ページから 神聖武器の見学会に出発ですわ〜♪

目次
Table of Contents

神聖武器 INDEX……………………… 2	
はじめに……………………………… 4	
プロローグ…………………………… 5	
案内役のご紹介！…………………… 6	
この本では……どんな"武器"を紹介するの？…… 8	

北欧の神話伝承……………………… 11
ケルト神話・アーサー王伝説……… 29
ギリシャ神話………………………… 51
その他ヨーロッパの神話伝承……… 67
中近東・アフリカ・アメリカ・太平洋… 81
インド神話・その他アジア伝承…… 101
中国・日本の神話伝承……………… 121
ギリシャの神々が教える！ 世界の武器講座…… 133

ギリシャの神々が教える！世界の武器講座 …… 133

世界の武器講座
槍……………………………………… 136
斧……………………………………… 144
槌……………………………………… 152
射出武器……………………………… 158
投擲武器……………………………… 166
特殊武器……………………………… 174

神話世界の"超兵器"カタログ……… 176

エピローグ…………………………… 180
主要参考資料………………………… 181
イラストレーター紹介……………… 182
武器索引……………………………… 189
萌える！ 事典シリーズ キャラクター相関図… 190

世界の鍛冶師・鍛冶神事典
(1) ブロッグとシンドリ／ヴィーラント…… 21
(2) ヘパイストス／キュクロプス…………… 28
(3) ブリギッド／ゴヴニュ…………………… 50
(4) トバルカイン／オグン…………………… 100
(5) トヴァシュトリ／リブ…………………… 120

コラム
両刃斧ラブリュス…………………………… 66
雷神の武器はなぜ"斧"か？………………… 80
教えてラクシュミ様！インド神話講座…… 118
「人間無骨」と日本の名槍………………… 132
強いクロスボウを引くための工夫………… 165

北欧の神話伝承

北欧の戦士といえば、イメージされるのは勇敢なヴァイキングたちです。
一般的には斧を持った戦士としてイメージされる彼らですが、
実は北欧の神話や伝承には
「伝説の斧」と呼べる武器はほとんど出てきません。
なぜなら北欧の文化では、
斧は身分のあまり高くない戦士が使う武器であり、
神々や英雄が使うのにはふさわしくないからです。
神々や英雄がよく使う武器は、
もっとも地位の高い武器とされた「剣」や、
戦争の始まりを告げる「投げ槍」などです。

ミョルニル
殴る、痺れる、浄化する！
Mjöllnir

欧文表記	Mjöllnir	おもな使用者	雷神トール、その息子マグニ
武器タイプ	槌	活躍した時代	神話
出典	北欧神話『散文エッダ』（著：スノッリ・ストゥルルソン　12世紀アイスランド）他		

北欧神話の最強兵器

　北欧神話にはさまざまな武器が登場するが、そのなかでもっとも偉大で、高い破壊力を持つとされているのが、雷神トールの持つハンマー「ミョルニル」だ。

　ミョルニルは巨大なハンマーで、名前には「粉砕するもの」という意味がある。見た目の特徴は、殴りつける槌頭の部分の大きさに比べて、柄の部分が非常に短い形状になっている点だ。大きさは可変で、ズボンの中に隠せるくらいのサイズにまで小さくできる。

　武器としての威力はすさまじく、ミョルニルの一撃を食らっても死ななかったのは、北欧神話で最大級の生物である巨大蛇「ヨルムンガンド」くらいしかいない。そして手に持って振り下ろすだけでなく、投げつけて使うこともできる。投げれば閃光をまき散らしながら飛んでいき、決して狙いを外すことはない。さらに、投げたあとに持ち主の元に帰ってくる、という便利な能力も持ちあわせている。

　接近戦に使えて、投げても再使用可能、しかも威力は一撃必殺。さらには雷まで呼べるという、まさに最強の武器と呼ぶにふさわしい高性能ぶり。トールがこの武器であまりにも多くの巨人を殺しているため、巨人たちはミョルニルが振り上げられる音を聞くだけで、トールとミョルニルの存在を感知するまでになったという。

　しかしミョルニルには、無視できない欠点もいくつかある。まずは上にもあるとおり、全体の大きさに比べて柄が短く、バランスが悪いこと。そしてあまりに重すぎて、普通の神には扱えないことだ。神々のなかでもトップクラスの怪力を誇るトールでさえ、このミョルニルを生身で扱うことはできない。トールは、神としての力を2倍に増すベルト「メギンギョルズ（力の帯）」と、握力を強化し、素手で岩をも砕けるようになる手袋「イルアン・グライベル（鉄の手袋）」の力を借りることで、重すぎる上に握りづらいミョルニルをようやく扱えているのだ。

18世紀の写本『NKS 1867 4to』に描かれた、ミョルニルとそれを右手で握るトール。

最強の槌ができるまで

　ミョルニルを作ったのは、鍛冶を得意とする小人族（ドヴェルグ）（→p21）だ。あるとき、北欧神話のトラブルメーカーである悪神ロキは、自分が犯した罪を清算するため、神々のために魔法の物品を献上することになった。ロキは「イーヴァルディの息子たち」と「ブロッグとシンドリ」という2組の小人の鍛冶師を、口先三寸でたくみに競わせ、6つのすばらしい物品を作らせた。その6つのなかで最後に作られたのがミョルニルである。だがミョルニルを作っているときに、ロキが蠅に変身して作業の邪魔をしたため、ミョルニルの柄は予定より短くなってしまったのである。

ミョルニルの使い手「雷神トール」

　ミョルニルの持ち主である雷神トールは、たくましい赤毛の男性で、燃えるような瞳と、豊かな髭の持ち主だ。豪胆かつ武勇を重んじる性格で、並外れた筋力と生命力を持ちあわせており、ミョルニルの能力と相まって、神々のなかでも最強の存在とみなされている。ただし純朴でだまされやすく、短気という弱点もあった。

　北欧神話にトールが登場する場合、たいていトールはミョルニルを持っていて、その強さを存分に発揮する。また、トールが何らかの理由で一時的にミョルニルを失い、ミョルニルを取り返すために奮闘するという内容の物語も複数見られる。

　トールがミョルニルを失う話のなかでもっとも有名なのが『スリュムの歌』という物語だ。この話でトールは、神々の宿敵である巨人族の男スリュムにミョルニルを盗まれてしまう。巨人はミョルニルを返す条件として、美の女神フレイヤとの結婚を要求したのだが、プライドの高いフレイヤはこれを拒否する。トールは仕方なく、金髪のカツラを被り、フレイヤに変装して巨人の国に乗り込んだのだ。

　美の女神にしては食欲旺盛で、体格が立派すぎる"フレイヤ"の様子をあやしむ巨人族を、従者として同行したロキがうまくだますと、結婚式の慣習どおり、ミョルニルが"フレイヤ（に変装したトール）"の膝の上に置かれた。その瞬間、トールはミョルニルを握って変装を解き、巨人たちをミョルニルで皆殺しにしたという。

　12ページでも紹介したとおり、ミョルニルは一撃必殺の武器で、その一撃に耐えて生き延びたのは、水蛇ヨルムンガンドだけである。あるとき、牛の生首を餌にして海釣りをしていたトールの針にヨルムンガンドが掛かったため、トールはミョルニルでその頭を殴りつけた。ヨルムンガンドは海に逃げ帰ったが大ダメージを受けたという。

　さらに、トールのハンマーには死せる獣を復活させる力もある。トールは地上に行くとき、2頭のヤギに引かせた戦車（→p179）に乗るのだが、夜になって移動を終えると、ヤギを殺してその肉を食べる。だが骨だけになったヤギにミョルニルで祝福を与えると、ヤギたちはもとどおりに復活し、元気に戦車を引き始めるのだ。

　また、トールは北欧神話における終末の日「ラグナロク」において、決して避けられない戦いの運命を課せられている。最高神オーディンをはじめとした強大な神々が、宿命づけられている相手と戦って命を落とすのだが、トールは先述した大蛇ヨルムンガンドと戦い、相討ちになると定められている。

現実世界での「ミョルニル」

　トールは、北欧の一般市民に非常に人気がある神だった。そのためトールを象徴するアイテム「ミョルニル」も人気があり、多くの家庭に御守りとして置かれていた。現代でもミョルニルを模したペンダントは、アクセサリーとして非常に人気が高い。

　北欧の人々は、ミョルニルに清めの力があると信じていた。そのため結婚式では、花嫁の身を清める道具として、ミョルニルに似せたものを式場に置いたという。『スリュムの歌』で、フレイヤに変装したトールの膝にミョルニルが置かれたのも、花嫁を清める儀式のひとつなのだ。また、新婚夫婦のベッドにミョルニルを置くことで、夫婦が子宝に恵まれるよう期待したという記録も残されている。ちなみに神話のなかでは、バルドルという神の葬儀を清めるためにミョルニルが使われている。ミョルニルの清めの力が結婚式だけにとどまらず、さまざまな場面で扱われていたであろうことに疑いの余地はない。

スウェーデンのエーランド島で出土した、ミョルニルを象ったペンダント。

北欧神話のお話は、何度か現代風に書き直されてるんやけど……ミョルニルを握るのに手袋が必要なのは「ミョルニルが真っ赤に焼けていて、素手では持てないから」てな設定に変わってることが多いみたいや。

北欧の神話伝承

"木"に用心！ ヤドリギ１本怪我の元

ミストルテイン
Mistilteinn

欧文表記	Mistilteinn
武器タイプ	投げ槍、または剣、矢
出典	北欧神話の物語集『スノッリのエッダ』（著：スノッリ・ストゥルルソン　12世紀アイスランド）

おもな使用者	盲目の神ヘズ
活躍した時代	神話

不死身の太陽神を傷つけた唯一の武器

　北欧神話の最高神オーディンの息子であり、後継者とも呼ばれた太陽神バルドルは、知恵と人格と美しさを兼ね備え、不死身に近い肉体を持つという、「神々の最良の者」とまで呼ばれる偉大な神だった。彼を傷つけた唯一の武器が、このページで紹介する「ミストルテイン」である。

　ミストルテインがどんな武器かは定かでない。なぜならこの武器は、「ヤドリギ」という植物の枝でできているという点を除いて、物語ごとにまったく違う姿（「投げ槍」「剣」「矢」「ただの枝」など）で描かれているからだ。

　この武器は魔法的な力をまったく持っておらず、武器として特別すぐれた性能を備えているわけでもなく、その形も定かではないという、特徴の曖昧な武器だ。そのようなミストルテインが、完全無欠の太陽神バルドルを傷つけられたのには、とても皮肉な経緯がある。

ヤドリギが太陽神を殺せた理由

　ある日太陽神バルドルは、自分が死ぬという不吉な夢を見た。バルドルの母である女神フリッグはこれを心配して、バルドルが何者かに殺されることがないように策を練り始める。フリッグは、すべての動物はもちろん、すべての植物、石や鉄、火や水などの形のないものも含めて、世界に存在する万物に「バルドルを傷つけない」と誓わせたのだ。こうしてバルドルは、どのような存在にも傷つけられない、結果として決して殺すことができないという、ある意味で不死の存在となった。神々はこれを祝い、バルドルに矢を射たり、剣で斬りつけ、ある物は石を投げつけて、バルドルが決して傷つかないことを喜んでいた。

　ところがここに落とし穴があった。実はフリッグは、彼女が住むヴァルハラ宮殿の西に生えた幼く無力なヤドリギにだけは、誓いをたてさせていなかったのだ。

　祝賀ムードをぶち壊したのは、北欧神話でさまざまなトラブルを引き起こす神、ロキだった。彼はフリッグからヤドリギの話を聞き出すと、そのヤドリギ「ミストルテイン」を持ち出し、バルドルの弟である盲目の神ヘズに渡した。そして「他の神と同じようにバルドルにこれを投げつけよう」とだましたのだ。フリッグとの約束を交わしていない唯一の存在であるミストルテイン（ヤドリギ）は、バルドルの胸を刺し貫いて殺してしまったのである。

盲目のヘズにミストルテインで殺害されるバルドル（写真右）。18世紀アイスランドの写本『SÁM 66』より。

まあ、こんなことやらかしたロキのおっちゃんは、当然罰を受けるんだけど。うちの師匠（オーディン）が、地下の洞窟に縛りつけて、頭の上から蛇の毒液を垂らすっていう拷問を、いまも継続中だってさ。

illustrated by えめらね

北欧の神話伝承

英雄を死に導く最高神の槍
グングニル
Gungnir

欧文表記	Gungnir	おもな使用者	最高神オーディン
武器タイプ	投げ槍	活躍した時代	神話
出典	北欧神話の物語集『エッダ』（著：スノッリ・ストゥルルソン　12世紀アイスランド）他		

狙いを外さぬ必中の槍

　グングニルは、北欧神話の最高神オーディンの槍である。この槍は、北欧で神聖なものと信じられている「トネリコ」という木でできた柄と、北欧の魔法文字「ルーン文字」が刻まれた穂先を持っている。グングニルは、おもに投げつけて使う槍であり、オーディンの手によって投擲されたグングニルは何者にも妨げられることなく、狙った相手にかならず命中するという。

　必中の力を持つグングニルだが、威力のほうは「必殺」とはいかないようだ。オーディンは、敵対していた「ヴァン神族」の魔女との戦いでグングニルを使ったのだが、魔女を倒すためにグングニルを3回も投げなければならなかった。また、オーディン自身が神のために作られた6つの宝（グングニルを含む）を見たときは「ミョルニルがもっとも優れている」と明言している。このミョルニルとは、のちに雷神トールの持ち物となる巨大なハンマー（→p12）である。つまりグングニルは最高神の武器ではあるが「最強の武器」ではない、ということだ。

　実際にグングニルは、ミョルニルとは違い、巨人との戦いなどで華々しく活躍することはあまりない。むしろ魔法使いの杖にも似た、呪術的な道具として使われることが多い。例えば、オーディンは死者の智恵を授かるため、自分の身体をグングニルで貫いたうえで、世界樹ユグドラシルに九日九晩その身を吊るしたことがある。最高神オーディンに命を捧げる、つまり自分に自分を捧げるという破天荒な荒行の結果、オーディンは魔法の力を持つ文字「ルーン文字」を会得しているのだ。

　余談だが、タロットカードのひとつに「吊された男」というカードがある。修行、忍耐、試練などを意味するカードだが、この絵柄は「オーディンが世界樹で行った荒行を題材にしている」という説もある。

この世に死と争いをもたらした

　北欧神話が生きた神話として語り継がれていた時期の北欧では、戦争の始めに、司令官が敵に向かって槍を投げ「余は汝らをすべてオーディンに捧げる」と告げるのが習わしだったという。日本で言えば「戦意高揚のため、合戦前にほら貝を吹く」ようなこの風習は、神話によればグングニルとオーディンの行為に深く関係しているという。

　この世界で初めて神々どうしの戦争が起きたとき、オーディンは敵対するヴァン神族の軍勢に向かってグングニルを投げ込み、これを合図に戦争が始まったといわれることが多い。つまりグングニルは、この世に初めて戦争と死をもたらした槍ということになる。ただし北欧神話の原文では、このときにオーディンが投げたものは単に「槍」としか書かれていないため、この槍がグングニルであったかどうかは不明である。

　また、戦争と死は、オーディンにとって必要不可欠なものである。オーディンは、予言によって運命づけられた、北欧神話における最終戦争「ラグナロク」に備えて、大量の戦力を必要としている。そこでオーディンは、戦死した人間の英雄たちの魂を、自身が管理する宮殿「ヴァルハラ」に集め、ラグナロクで戦う兵力「エインヘルヤル」として使おうとしているのだ。

　歴史的にも北欧の戦士たちは「勇敢な戦士は死後ヴァルハラに迎えられ、終末の日まで戦いと酒宴を楽しめる」と信じており、ヴァルハラへ迎えられる、すなわち戦死することは男としての最高の栄誉だと考えていた。そのため彼らは死を恐れず、他の国の兵士よりも勇敢に戦ったのだ。逆に戦死以外の理由で死ぬことは恥とされ、年老いた男性は死に場所を求めて戦争に出たという。

illustrated by 天領寺セナ

人間界に降臨する、オーディンとグングニル

　ラグナロクで戦う英雄の魂「エインヘルヤル」を集めるため、オーディンはしばしば人間の世界に降り立っては、人間たちの対立を扇動して戦争を引き起こしている。

　人間界にあらわれるときのオーディンの姿は、長い髭をたくわえた、片目の老人である。つばの広い帽子をかぶり、青っぽい灰色のマントをまとっており、その手にはグングニルが握られている。また、両肩に乗せている2羽の大ガラス「フギンとムニン」を使役しては、世界中のあらゆる情報を集めているという。ときには8本足の馬「スレイプニル」に乗っていることもある。

　神話や伝説で人間界にオーディンがあらわれたら、それは主要人物が戦死する合図であると言ってもいい。例えば、北欧神話でもっとも有名な英雄「シグルズ」の父であるシグムンドは、オーディンが木に刺し、誰にも抜けなかった名剣に選ばれて英雄として活躍していた。ところがある戦争でオーディンが突然戦場にあらわれ、その槍（つまりグングニル）によってシグムンドの剣を折ってしまう。このオーディンの突然の蛮行を、シグムンドは「オーディンが私をヴァルハラに誘っている」と解釈し、その運命を受け入れて戦死している。

　また、北欧神話の物語集『エッダ』に収録されている英雄物語『フンディング殺しのヘルギの歌』でのオーディンは、英雄として活躍したヘルギ王を「父の仇」とつけ狙う人物にグングニルを貸し与えている。投げればかならず敵を刺し貫くこの必中の槍は、このときももちろん狙いを外さずヘルギ王を刺し貫き、その命を奪った。

イギリス人の絵本挿絵家、アーサー・ラッカムが描いたオーディン。手に持っている杖のようなものがグングニルである。

最終決戦ではよいとこなし

　来たるべき終末の日「ラグナロク」において、グングニルはオーディンとともにあっけない最後をとげる運命が定められている。

　オーディンはまず、ヴァルハラに集まった「エインヘルヤル」を出撃させる。そしてオーディン自身は、悪神ロキの息子である巨大な狼「フェンリル」に立ち向かうのだ。しかしオーディンは戦いの末にフェンリルに飲み込まれて（噛み殺された、とする物語もある）戦死するのである。

　オーディンを飲み込んだフェンリルは、すぐにオーディンの息子ヴィーザルに殺されるのだが、それ以降グングニルは物語から姿を消してしまう。ミョルニルの持ち主である雷神トールが巨大蛇ヨルムンガンドと相討ちとなるものの、ミョルニル自体はトールの息子に受け継がれたのとは対照的な結末といえる。

オーディンとフェンリル、フレイとスルトの戦いを描いた、20世紀のイラスト。中央で槍を掲げているのがオーディンである。

グングニルを作ったのは「イーヴァルディの息子達」って呼ばれてる、ドヴェルグっていう小人族の鍛冶師なんだ。21ページで紹介しているドヴェルグの鍛冶師さん「ブロッグとシンドリ」のライバルらしいよ！

世界の鍛冶師・鍛冶神事典①
ブロッグとシンドリ／ヴィーラント

はじめまして、ウェルルウちゃんの鍛冶友達、新人鍛冶神のカグヤです！ みんなは武器を見に行ったようなので、私たちは武器を作る鍛冶師さんを紹介しますね！

カグヤの師、ヒノカグツチだ。世界の神話伝説には、鍛冶神や鍛冶師が数多く登場する。まずは戦いと武器の国、北欧の鍛冶師から紹介しよう。

小人族ドヴェルグの鍛冶師兄弟
ブロッグとシンドリ

性別：男
出典：北欧神話

ミョルニルなどの宝物を作るブロッグとシンドリ。1902年、アメリカ人画家エルマー・ボイド・スミス画。

　北欧神話はヨーロッパでは珍しく、鍛冶を専門にする神が表舞台に登場しない。この神話の世界では、優れた武器を作るのは「ドヴェルグ」という地下に住む小人族の役目である。北欧神話に登場する最強の武器であるミョルニル（➡p12）を作ったのもドヴェルグであり、神話には「ブロッグとシンドリ」という兄弟のドヴェルグが、ミョルニルの製作者だと記されている。
　ブロッグとシンドリは神々から3つの作品を作るよう命じられ、別のドヴェルグの作品と出来映えを比較することになった。このときブロッグたちが作ったミョルニルの柄(え)が短くなってしまったのは、ブロッグたちに負けてほしいと願ったロキという神が、炉に空気を送り込んでいるシンドリを執拗(しつよう)に邪魔したせいである。

その名前だけで名品とわかる
ヴィーラント

性別：男
出典：ディートリヒ伝承など

ヴィーラントの伝承には、権力者に足の腱を切られて軟禁状態で仕事をさせられるものが多い。腱を切った相手に凄惨な復讐をし、鳥の羽で空飛ぶ機械（写真参照）を作って脱走するのがお決まりの展開である。

　ドイツ、北欧、イギリスなどのヨーロッパ北部の伝承には、「ヴェルンド」「ヴィーラント」などと呼ばれる伝説の鍛冶師が登場する。彼が鍛えたとされる武器は剣が多く、シャルルマーニュ伝説の「デュランダル」や「クルタナ」、ドイツを中心に伝わるディートリヒ伝承の「ミームング」などが有名だ。
　ヴィーラントは彼自身が物語に登場することもあれば、作中で登場人物が持っている剣の来歴に「ヴィーラントが鍛えた剣」だと名前が出てくるだけの場合もある。日本人が「名刀」といえば鍛冶師「正宗」や「村正」を連想するように、彼らにとって「ヴィーラント作」というブランドは、優秀な武器の代名詞なのである。

北欧の神話伝承

剣から槍へと生まれ変わる
グラーシーザ
Grásiða

Map

欧文表記	Grásiða	おもな使用者	ギースリの一族
武器タイプ	剣→槍	活躍した時代	10～13世紀
出典	『スールの子ギースリのサガ』（著者不明　12世紀～14世紀アイスランド）		

折れてなお復讐に使われた剣身

　ヨーロッパの北西、イギリスよりもさらに北に浮かぶ島国「アイスランド」には、「グラーシーザ」という武器の伝説が残されている。ここで「剣」や「槍」ではなく、わざわざ「武器」と書いたのには理由がある。グラーシーザは、もともとは**剣**であったのだが、戦いの最中で折れてしまった。その後、グラーシーザの刃は打ち直され、**槍**としてよみがえっているからだ。

　剣だったころのグラーシーザの外見は、物語にはくわしく描写されていない。槍になったあとのグラーシーザは、槍の穂先部分（もともと剣だった部分）に波紋型の模様が浮かんでいる、と描写されている。また、この物語を日本語に翻訳した書籍《ギスリのサガ　アイスランド・サガ》には、23cm程度の柄（持ち手の部分）に、刃が納められたと書かれている。ただし穂先の長さの描写がないため、その全長は想像するしかないが、柄が23cmの槍というのは、一般的な長槍はもちろん、日本でいう手槍（全長約2m前後）と比べても非常に短い。

　物語によれば、もともとグラーシーザは、コルルという奴隷の持ち物で、「この剣を持つ者はかならず勝利する」といわれていた。主人公のギースリは、義兄（姉の夫）を殺した敵に復讐するため、奴隷のコルルから強引にグラーシーザを借りて決闘に勝利したのである。だがその後ギースリは、グラーシーザの所有権をめぐってコルルと激しく争い、ふたりは相討ちとなりこの世を去る。このとき、ギースリはコルルの頭蓋骨をグラーシーザで強打しており、その勢いで剣が折れてしまったのである。

　時代は移り、折れたグラーシーザは、ギースリの甥であるソルケルに受け継がれ、槍に打ち直された。その後、何者かがこの槍を暗殺に使用した。犠牲者の親友であり、ギースリの別の甥ギースリ（同名の別人）は、ソルケルが犯人だと確信し、この槍でソルケルを殺害。これ以降グラーシーザは、物語に登場しなくなる。

グラーシーザは実在していた？

　この物語『スールの子ギースリのサガ』は、完全なフィクションではなく、実在の人物と事件をモデルに作られた可能性が非常に高い。アイスランドの記録によれば、西暦964年に、ギースリという人物が仇を殺した罪でアイスランドからの追放刑を受けているのだ。

　相模女子大理事長の大塚光子博士は、《スールの子ギースリの物語　アイスランドサガ》のあとがきで、史実のギースリ追放から約250年後のアイスランドで、グラーシーザという名前の槍が実際に使われた記録を指摘している。このグラーシーザが物語に登場したグラーシーザと同じものかは不明だ。しかし、この槍が偽物だったとしても、持ち主の相棒とも言える槍にその名前をつけてしまうほどに、グラーシーザがアイスランドにおいて非常に高名な武器だったことは間違いないだろう。

折れた名剣を別の形にしてリサイクルするっていうのは、当時じゃ割と普通のことだよ。ただ切れ味や丈夫さはどんな感じだったのかな？「人間の頭蓋骨を強打して折れた」っていうのが、不安なんだよね～。

illustrated by ari

北欧の神話伝承

太いの10本一斉発射！

オティヌスの弩
Crossbow of Otinus
オティヌス ノ イシユミ

Map

おもな使用者	オティヌス	武器タイプ	弩	活躍した時代	不明
出　典	デンマークの偽歴史書『ゲスタ・ダノールム』（著：サクソ・グラマティクス　12世紀デンマーク）				

たったひとりで矢の弾幕を張る

　クロスボウは、弓とライフル銃を組みあわせたような形をした、実在の武器だ（→p161）。アジアを中心とした中国文化圏では、この種の武器を「弩」と呼んでいる。

　クロスボウは、金属鎧を貫通するほど強力な矢を発射できる、照準をあわせやすく命中精度が高い、弓と違って短時間の訓練で誰でも扱えるという利点こそあるが、「矢を1本発射してから次の矢を発射するまでにかかる時間が非常に長い」という、致命的な欠点を抱えている。ところが、ドイツのすぐ北にあるデンマークで、王家の歴史書として作られた本『ゲスタ・ダノールム』（デンマーク人の事績、の意味）には、この欠点を補った、完璧な武器と言えるであろうクロスボウ「オティヌスの弩」が登場する。

　このクロスボウは、見た目は粗末で貧弱そうな造りをしているのだが、革袋から取り出すと変形し、先端が長く伸びる。そして、同時に10本の太矢をつがえて一気に発射し、目の前の敵を撃ち倒すのだ。

　オティヌスの弩は、全16冊で構成される『ゲスタ・ダノールム』の「第1の書」に登場する。このクロスボウの持ち主であるオティヌスは、北欧神話の最高神「オーディン」と同一人物だと思われる。オティヌスとは、オーディンのラテン語読みなのである。

　この物語でオティヌスは、デンマークの王ハディングに味方して、デンマークとは海をはさんだ敵国であるスウェーデンの軍隊にこの弩を使用した。矢は谷に集結していた敵軍に襲いかかり、武器の強さに見あうだけの傷を与えたとされている。

人間に負ける最高神

　北欧神話では最高神として尊敬を集めるオーディンだが、そのデンマーク版であるオティヌスは、作中の活躍ぶりを見ると、偉大な存在とは言いがたい。

　例えば、北欧文化研究の第一人者、谷口幸男による翻訳本《デンマーク人の事績》で、オティヌスが初登場したときの文章には「**そのころ、オーディン（オティヌス）というものが全ヨーロッパで誤って神とみなされていたのだが～（第1の書より抜粋）**」と書かれており、神であることを明確に否定されている。

　ほかにも「第3の書」では、オティヌスは人間の王女に求婚を断られ、平手打ちされて引き下がるのだが、その後王女を強引にモノにするため、王女をベッドに縛りつけて無理やり妊娠させるという、おおよそ神の所業とは思えない暴挙に及んでいる。

　北欧神話の神は、絶対的な力を持ち、人間の上に立つ強者であるのだが、この『ゲスタ・ダノールム』では、その神が人間に敗れることすらある。その理由は、『ゲスタ・ダノールム』の作者であるサクソが、異教の神を「悪魔」と呼んで弾圧した歴史を持つ「キリスト教」の司教であることとなんらかの関係があると思われる。

このオティヌスってのはなんかうちのクソジジ……じゃなくて師匠に似てると思ったら、名前の読みが違うだけで同じ神じゃん！　ああっ、フレイ様は「フロ」だしヘズ様は「ホテルス」だし、わけがわかんないよ！

悪魔の素材で作られた武器
ヨウカハイネンの弩
Crossbow of Joukahainen

おもな使用者	詩人ヨウカハイネン	武器タイプ	弩	活躍した時代	神話
出典	フィンランドの民族叙事詩『カレワラ』（著：エリアス・リョンロット　18世紀フィンランド）				

弩は復讐だけのために作られた

　ロシアのすぐ北西、スカンジナビア半島の付根に位置する国、フィンランド。北欧地域のなかでもっとも東に位置するこの国には、最高神オーディンや雷神トールが登場する北欧神話とは異なる、独自の神話伝承が根づいている。もともとはばらばらの物語であったフィンランドの神話を、医師「エリアス・リョンロット」が再構築して作った物語『カレワラ』もそのひとつだ。

　『カレワラ』の主人公は、詩人であり魔法使いでもあるたくましい老人「ワイナミョネン」という英雄だ。だが、この武器の持ち主はこの英雄ではなく「ヨウカハイネン」という狩人の男である。ある出来事をきっかけにワイナミョネンへの復讐を誓ったヨウカハイネンが作り上げた武器、それこそがこの弩（クロスボウ）なのだ。

　この弩は、鉄製の本体に金をちりばめ、銀で飾り、子馬や若い乙女の模様が彫り込まれた豪華なものだ。弩をひっぱる弦の部分には、悪霊の森に住むヘラジカの足の腱と、悪魔の麻紐が使われている。3本だけ作られた矢には、ツバメの羽毛とスズメの尻尾の毛を編み込んだ矢羽根が取りつけられ、矢尻には蛇の毒が塗られているという。

　ヨウカハイネンはこの弩でワイナミョネンの馬を撃ち、彼を海に叩き落とした。なお『カレワラ』の原文には、当たったのは3本目の矢で、「1本目は天を切り裂き、2本目は地を割り裂いた」と書かれている。日本語訳書では、単に「1、2本目は外した」とするものが多いが、天を裂き地を割ったという表現が比喩ではなく文字どおりの意味だとしたら、この弩はおそるべき威力を秘めていることになる。

ヨウカハイネンが暗殺を決意した理由

　ヨウカハイネンがワイナミョネンを殺そうとしたのは、彼の妹である少女アイノがワイナミョネンの求婚を嫌がったすえ、事故で海に落ち死亡したからだ。

　だが、そもそもワイナミョネンがアイノに求婚したのは、ヨウカハイネンがワイナミョネンに決闘を挑んで返り討ちにあい、命乞いの条件として本人に断りなく「妹アイノとの結婚」を持ち出したからだ。アイノの死は、身のほど知らずのヨウカハイネンが英雄に挑んだことが発端であり、アイノがこの世を去った原因はワイナミョネンよりもむしろヨウカハイネン自身にあるという、なかば逆恨みによる復讐劇なのである。

　ワイナミョネンを海に叩き落とし、逆恨みの復讐に成功したことを喜んだヨウカハイネンであったが、ワイナミョネンは「天を切り裂き、地を割り裂く」とまで例えられる強力な弩で撃たれたにもかかわらず一命をとりとめ、しばらくのあいだ海を漂流するにとどまっている。英雄の暗殺に失敗したヨウカハイネンが、その後どのような運命をたどるのか、復讐の念のこもった、ヨウカハイネンの弩がその後どうなったのか。ヨウカハイネンたちはこのあと物語にまったく登場しないため、その行く末は不明である。

　この狙撃事件は夏の出来事やった。冬じゃなくてほんとによかったわ。なんせ撃たれたワイナミョネンさん、落馬して海に落っこちとる。冬やったら海の水が冷たすぎて入った瞬間凍死まちがいなしやで。

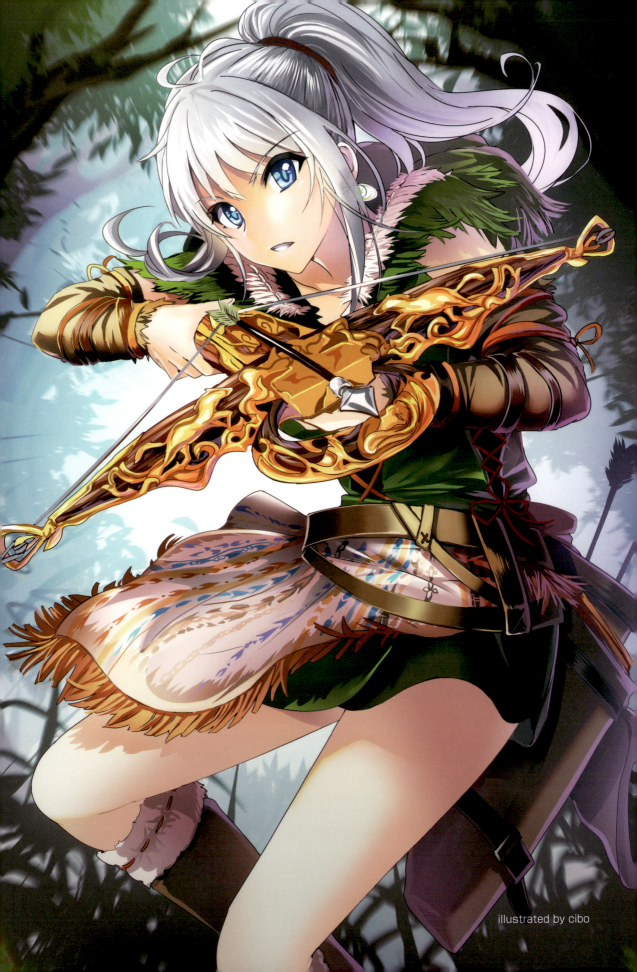

世界の鍛冶師・鍛冶神事典②

ヘパイストス／キュクロプス

鍛冶神様のご紹介、2組目はギリシャ神話からです。あっ、パンドラさんのお父様もお見えですよ。

ギリシャ神話の神の武器は、おおむねこのおふた方に作られたと言ってよい。よく勉強させてもらいなさい。

神の盾アイギスを作ったオリュンポスの鍛冶神
ヘパイストス

性別：男
出典：ギリシャ神話

父神ゼウスの主武器「ゼウスの雷霆」を鍛えるヘパイストス。17世紀オランダの画家ピーテル・パウル・ルーベンス画。スペイン、プラド美術館蔵。

　最高神ゼウスと、正妻ヘラの息子。武器や道具、宝物などを生み出す炎と鍛冶の神であり、56ページのアポロンとアルテミスの矢、62ページのアキレウスの武具一式のほか、ギリシャ神話でもっとも有名な防具のひとつである「アイギス」もヘパイストスの作品である。

　鍛冶神として非常に高い能力を持ち、ギリシャ神話の重要な神々「オリュンポス十二神」に選ばれる実力者だが、神々の世界での評価はあまり高くない。それはヘパイストスの足に障害があり脚をひきずるようにしか歩けないことと、彼の外見が醜いことが原因とされる。彼はその醜さゆえに前妻アプロディテと離婚し、以降は独身である。

一つ目巨人の名鍛冶師
キュクロプス

性別：不明
出典：ギリシャ神話

ロンドン自然史博物館に展示されているキュクロプスの模型。

　キュクロプスという名前に聞き覚えがなくても「サイクロプス」と呼べばピンとくる人も多いだろう。彼らはギリシャ神話に登場する一つ目の巨人族で、優れた鍛冶の技術を持っている。ギリシャ神話の世界を支配する3兄弟が使う、ゼウスの雷霆、ポセイドンのトライデント、ハデスの隠れ兜の3つは、彼らが作ったものだ。

　キュクロプスはその醜さゆえに父や兄に迫害され、地下に閉じ込められていたが、甥にあたるゼウスに解放され、その見返りに上で紹介した3つの宝を作ってゼウスたちに献上した。その後キュクロプスたちは鍛冶神ヘパイストスのアシスタントとなり、日々腕を振るっている。

ケルト神話・アーサー王伝説

ヨーロッパの北西に浮かぶ
「ブリテン島」と
「アイルランド島」には、
ケルト人と呼ばれる民族が残した「ケルト神話」と、
その流れをくむ「アーサー王伝説」という英雄物語があります。
このふたつの物語には、恋と戦いを題材にしたものが多く、
多くの神聖な武器や伝説の武器が登場します。
特にケルト人が得意としていた投げ槍に逸品が多く、
英雄クー・フーリンの振るう「ゲイ・ボルグ」は
ケルト神話を代表する投げ槍です。

ケルト神話・アーサー王伝説

狙いは勝つまで外さない

ルーの槍
Lugh Spear ルーノ ヤリ

| おもな使用者 | 光の神ルー | 武器タイプ | 投げ槍 | 活躍した時代 | 神話 |
| 出典 | ケルト神話 | | | | |

勝利をもたらす必中の槍

　イギリスのすぐ西にある島国、アイルランド。ここには「ケルト神話」と呼ばれる古い物語が残されており、数多くの伝説的武器が登場する。そのなかでも特に強力な武器のひとつが、最高神の地位に就いていたこともある光の神「ルー」が持つ投げ槍である。この槍は、ルーたちが所属する神の一族「ダーナ神族」が誇る秘宝のひとつとされるほど偉大な武器なのだ。

　ケルト神話を解説する国内、海外の文献では、ルーの槍を「魔の槍」「無敵の槍」「輝く槍」などのさまざまな異名で呼んでいる。その能力はおもにふたつあり、それぞれ

・狙った的をかならず貫く
・ひとたび投げれば、かならず勝利をもたらす

　というものである。
　この槍の持ち主である光の神ルーは「長腕のルー」という異名で呼ばれることもある。この異名がついた理由は資料によってまちまちだが、投げ槍をはじめとした、「投げる武器」の扱いに長けているところから名づけられた、という説が有力なようだ。ルーの扱う投げる武器としては、ほかにもタスラム（→ p32）が有名である。

ルーの投げた槍が稲妻のように蛇行しながら飛んでいる。1905年、神話解説書《Celtic Myth and Legend》の挿絵より。スコットランドの画家ハロルド・ロバート・ミラー画。

ダーナ神族の4秘宝

　ルーたちダーナ神族の神々は、別の場所から海を越えてアイルランド島に渡ってきた種族であり、いわば「移民」だといえる。彼らは、もともと住んでいた街の賢者から「エリンの4秘宝」と呼ばれる贈り物を受け取り、それをアイルランド島に持ち込んでいるのだが、ルーの槍はこの「エリンの4秘宝」のひとつだと言われている。

　ルーの槍のほかには、戦神ヌァザの持つ魔剣、正しき王が乗れば叫び声を上げて予言をする魔石「リア・ファル」、食料を無限に生み出す魔法の釜「ダグザの大釜」が、エリンの4秘宝の内訳である。

　だが、エリンの4秘宝について書かれた、ケルト神話の原典のひとつ『レカンの黄書（おうしょ）』には、注目すべき記述がある。この本では、エリンの4秘宝に「ルーの槍」と「ヌァザの剣」があると書いているのだが、その直後に掲載されている、4秘宝について語られたケルトの詩には、「ルーの剣」と「ヌァザの槍」と書かれ、同じ原典中であるにも関わらず、剣と槍の持ち主の名前がなぜか逆転しているのだ。「ルーの槍」と「4秘宝の槍」は、別の槍かもしれない。

ルーさんは魔法の武器や道具をたくさん持ってるんだよ〜。「萌える！聖剣・魔剣事典」で紹介した自動追尾剣フラガラッハ、水陸両用の魔法の馬アンヴァル、自動操縦船スクーブ・トゥイニエ……ほかにもいろいろあるよ！

練って固めた必殺の切り札

タスラム
Tathlum

ケルト神話・アーサー王伝説

欧文表記	Tathlum	おもな使用者	光の神ルー
武器タイプ	弾丸	活躍した時代	神話
出典	ケルト神話		

宿敵を貫く石の弾丸

　ケルト神話の光の神「ルー」が、狙った的をかならず貫く投げ槍を持っていたことは30ページで紹介した。ルーの宿敵は、ルーたちダーナ神族の宿敵「フォモール族」の首領バロールであり、ルーは飛び道具でバロールの魔眼を貫いて倒したのである。だが、このときに使われた武器は「ルーの槍」ではなく、「タスラム（あるいはタフルム）」という弾丸だといわれている。

　タスラムとは「練り固めた球」という意味である。ケルト神話の解説書《CelticMyth and Legend》には、タスラムはさまざまな動物の血液と、世界中の砂浜から集めた砂を混ぜて固め、なめらかに磨き上げたものだと書かれている。奇妙な作り方ではあるが、実はこの製法は、神話物語ならではの荒唐無稽な設定だとは言い切れない。先述した解説書《Celtic Myth and Legend》に、古代ケルト人たちのあいだには、敵の脳味噌を石灰で固めた塊を、投石器の弾として使う習慣があった、と記述されているからだ。

　ルーはバロールとの戦いで、このタスラムを投石器で投げたとされている。一概に投石器と言っても、城壁を壊すような大きなものから、個人が使用する小さなものまでさまざまな種類があるのだが、英語で「rod-sling」と表現する資料があることから、この投石器は木の棒の先に石を乗せる皮紐をつけ、遠心力で石を投げる武器「スタッフ・スリング」（➡ p173）であった可能性が高い。だが、Y字型の木の棒にゴム紐を結び、引っ張った紐の反動で弾を発射する「スリング・ショット（パチンコ）」（➡ p164）を使った、と主張している資料も存在する。

　ルーにまつわる神話によると、天と地とそのあいだにあるものはすべてルーの財産となり、天の川はルーの首飾りに、虹は投石器になったと言われる。この投石器はおそらく、タスラムを飛ばした投石器を指していると思われる。

バロールの魔眼を撃ち抜いた方法

　タスラムが撃ち抜いたバロールの魔眼は、左目だとも額の第3の目だともいわれるが、どちらにしても"目で見るだけで相手を殺す"という強力なものだ。ただしバロールは人間とは比較にならないほどの巨体であり、その目は固く閉ざされているので、バロールの魔眼を開けるには、4人の男が総がかりで閉じているまぶたを持ち上げなければいけなかった。このように「すぐに使えない」という欠点こそあったものの、ダーナ神族はこの魔眼に苦戦し、1回目の戦いではまったく刃が立たなかった。

　2回目の戦いでルーは、バロールの魔眼の力が及ばない、遠く離れた場所からタスラムを投射した。タスラムは長い距離を飛んでバロールの魔眼に命中し、脳にまで達してバロールを絶命させた。このとき倒れたバロールの魔眼が、背後にいたバロールの部下に向けられたため、魔眼の力でフォモール族の兵士は壊滅する。ダーナ神族はこうして、アイルランド島の支配権を手に入れたのである。

バロールさんの魔眼は、お父さんたちが毒の魔法を準備してるとき、毒の煙が目に入ったせいで身についたものだというお話ですわ。つまり毒殺の魔眼というわけですね。……ところでコレ、解毒剤はあるんでしょうか？

ケルト神話・アーサー王伝説

生と死を振りまく万能の棍棒
ダグザの棍棒
ダグザノ コンボウ

おもな使用者	豊穣神ダグザ	武器タイプ	棍棒	活躍した時代	神話
出典	ケルト神話				

敵を吹き飛ばす無敵の棍棒

　ケルト神話の神の種族である「ダーナ神族」は、必要に応じて自分たちの王、すなわち「最高神」を選び直すため、最高神が唯一無二の存在ではなく代替わりするという特徴がある。このページで紹介する豊穣神ダグザは、英雄クー・フーリンの父ともされる光の神「ルー」のあとを継いで最高神となった神である。

　先々代の最高神である戦神ヌァザの持つ剣、先代であるルーの持つ「ルーの槍（→p30）」と同じように、ダグザも最高神にふさわしい強力な武器を持っている。固有の名前こそないが、神秘的な力を持つ棍棒だ。

　ただしダグザの武器の形状は物語によって若干の違いがあり、話によってはハンマーである場合や、さらには槍であるとする資料もある。

　ダグザはぽっこりとした太鼓腹を持つ大食漢で、巨体の持ち主であった。そしてダグザの棍棒も、持ち主に見あった巨大なものであったと伝えられている。その大きさからくる重さもすさまじいもので、ダグザ以外の神々が動かそうとするならば、8人がかりでやっと持ち上げられるほどであったという。そのため、神々が棍棒を持ち運ぶときは、それを荷車に乗せなければ動くことすらままならなかった。棍棒を荷車に乗せず、引きずって行進したときなどには、棍棒が引きずられた跡が城の堀のように深く刻まれていたというから、その重さはまさに桁外れといえるだろう。物語によっては、棍棒には運搬用の車輪が取りつけられていた、とする物語すら存在する。

　そしてダグザがひとたびこの棍棒を振るえば、一振りで9人の戦士の命を奪ったという。このときに吹き飛ばされた敵の身体は粉々になってしまい、砕かれた骨や肉体の破片は、まるで「馬の蹄にかけられる無数のアラレ」のように地面へねじ込まれたという。

生と死の両方を与える

　このように、ダグザの棍棒は非常に破壊力の高い武器であるのだが、ただ単に敵の命を奪うばかりではなく、魔法の力も込められている。ダグザの棍棒を、武器として振るうときとは逆向きに、つまり本来の先端部分を握って振るうと、死んでしまった神や人間が、まるで何事もなかったかのように蘇るのだ。

　ダグザが最高神になる少し前、ダーナ神族が魔眼のバロール率いるフォモール族と2度にわたって戦った「モイツラの戦い」で、ダグザはこの復活の力をおおいに振るっている。特に光の神ルーが指揮官となった2回目の戦いのときには、倒れたダーナ神族の仲間たちを復活の力で蘇らせながら、敵であるフォモール族を棍棒で粉砕するという縦横無尽の活躍を見せた。敵の首領バロールを倒したのは光の神ルーであったが、ダーナ神族の勝利を決定づけた原動力は、仲間を次々と前線に送り返したダグザと棍棒の活躍にあったと言っても過言ではないだろう。

このダグザさんという神様、太鼓腹にぼさぼさ髪で美男子ではないそうですけれど、いろんな女神様にモテモテだったそうですね。やっぱり男性は甲斐性です、ヴィシュヌ様のような包容力が必要なんです♪

illustrated by 武田あらのぶ

熱く燃えさかる毒炎の槍

ルーン
Luin

欧文表記	Luin	おもな使用者	戦士ドゥフタハ、戦士ケルトハル
武器タイプ	槍	活躍した時代	紀元前15世紀～紀元前1世紀？
出典	ケルト神話『ダ・デルガの館の崩壊』他		

ケルト神話・アーサー王伝説

神から受け継いだ毒の槍

　ルーンはケルト神話に登場する戦士、ドゥフタハが持つ名槍だ。彼の名前から、一部の資料はこの槍を「ドゥフタハの槍」とも呼んでいる。

　ルーンは、魔法の力によって決して狙いを外すことなく、一度振るえばひとりの命を奪い、投げて使えば一度に9人を貫いて敵の大将を討ち取るという必殺の槍である。振るう者に勝利をもたらすであろうすばらしい武器ではあるものの、この槍は代償としてあまりにも大きすぎる欠点を抱えている。ルーンは常に敵兵の血に飢えており、戦いがないときは、槍の飢えをおさめるために、大釜いっぱいの毒液の中に穂先を浸しておかなければならない。それを怠ってしまうと、槍の柄から炎が吹き上がり、槍の持ち主はもちろん、周囲の建物まで焼き尽くしてしまうという、きわめてやっかいな槍なのだ。

　この槍の由来は古く、ケルト神話における光の神ルーが、フォモール族首領バロールを倒した「モイツラの戦い」のあと、戦場に放置していたものだった。これは、ドゥフタハが活躍した時代の約1500年前にあたる。

　長い時間がたったのち、ルーンはケルトハルという戦士の持ち物となり、ケルトハルから借り受ける形でドゥフタハの手に渡ったのだ。

　ルーンの使い手であるドゥフタハは、口を開けば陰険な話ばかりが飛び出し、戦いが始まれば虐殺もいとわず、ときには行き過ぎた発言を仲間に非難されるような悪漢である。だが、それを差し引いてもあまりある実力を持ち、誰からも恐れられる戦士であった。

　ドゥフタハはもともと、アイルランド島の北東部にあるアルスターという国でコンホヴァルという王に仕えていたのだが、王の裏切りに憤って亡命。アルスター国に敵対するコナハト国の戦士として物語にしばしば登場する。

本来の持ち主ケルトハルの顛末

　ドゥフタハが活躍する物語では、ルーンはケルトハルという戦士から譲り受けたものだと書かれている。だがケルトハルを主人公とする別の物語のなかでは、彼が明確に「ルーン」を使ったという記述は見られない。

　ただし、ケルトハルが槍を武器として使っていたことは間違いないようだ。物語によると、彼は王宮で殺人を犯した罪をつぐなうため、アルスター王国の住人を襲う3つの災いと戦うことになった。まずひとつめの災いである、土地を荒らしまわる武者コンガンフネスを倒し、次に人や家畜を襲う犬を倒し、最後にコンガンフネスの墓から出てきた黒犬を槍で貫いて退治している。

　この3つめの戦いでケルトハルが黒犬の体を貫いたとき、"槍の柄を伝って"黒犬の毒の血液がケルトハルにしたたり落ち、彼は命を落としたという記述がある。ただこのときの槍がドゥフタハから返還されたルーンなのか、それ以外の槍なのかは定かでない。

ドゥフタハはんには「ダイルテンガ」っちゅうあだ名がある。これは「甲虫の舌」って意味で、ドゥフタハはんの毒舌っぷりを表現したあだ名らしいで。あだ名になるくらいの毒舌戦士が毒の槍を使う、イメージどおりやな。

敵を引き裂く散弾スピア
ゲイ・ボルグ
Gáe Bolg

欧文表記	Gáe Bolg		おもな使用者	英雄クー・フーリン
武器タイプ	投げ槍		活躍した時代	2〜3世紀
出典	ケルト神話『クーリーの牛争い』他			

足で握って使う投げ槍

　ケルト神話に登場する人間の英雄のなかで、もっとも有名なのがクー・フーリンという戦士である。クー・フーリンが使う槍「ゲイ・ボルグ」は、彼の武術の師匠である影の国の女王で、女戦士スカサハから、1年と1日の修行ののち、免許皆伝の証として伝授されたものだ。

　ゲイ・ボルグは、敵に投げつけて攻撃する「投げ槍」に分類できる。その外見についてくわしく説明している文献は非常に少ないのだが、ケルト神話に登場する単語の解説辞典《Oxford Dictionary of Celtic Mythology》によれば、"bones of a sea-monster"、つまり海の怪物の骨で作られているという。

　ゲイ・ボルグは、大軍を相手にしても一騎討ちでも真価を発揮できる、非常に強力な武器だ。この槍の秘密は穂先にある。ゲイ・ボルグをしかるべき方法で投げると、穂先から30個もの矢尻が飛び出し、敵に襲いかかるのだ。敵が複数いる場合は、矢尻は空中で発射されてすべての敵に襲いかかる。敵がひとりの場合は、穂先が命中した直後に体内で矢尻がはじけて、敵の血管、筋肉、内臓をズタズタに引き裂くのだ。多数の小さい弾丸を飛ばす、現代でいう散弾銃のような能力である。ケルト神話の物語中で、ゲイ・ボルグの直撃を受けて生き残った者はいないため、直接的な描写や指摘こそないものの、この槍には必殺の能力が込められている、と言っても過言ではないだろう。

　いわゆる投げ槍とは直接投げつける、道具を使って飛ばすなど、あくまでも人の"腕"によって扱われるものだ。だがゲイ・ボルグの使い方は普通の投げ槍とはまったく異なる。なんとゲイ・ボルグの正式な使い方は、「"足の指"ではさんで、足の力で蹴るように飛ばす」というものなのである。スカサハ直伝のこの方法で放たれたゲイ・ボルグは、ときには鉄製の鎧の前垂れ、その下の石造りの上着を引き裂き、敵の肉体を刺し貫いたという。

　クー・フーリンは非常に強い戦士であったため、ゲイ・ボルグを使わなくても、大抵の戦いには勝利してきた。クー・フーリンは、戦争の重要な局面や強敵が現れたときなどの、「ここぞ」というところでゲイ・ボルグを使い、母国である「アルスター王国」に勝利をもたらしてきた。

大切な人の血を吸う魔槍

　ゲイ・ボルグが、クー・フーリンが強敵と戦うときに使われるということは、すでに説明したとおりである。数多くの敵を葬っているゲイ・ボルグであるが、その中にはクー・フーリンにとって大事な人が何人も含まれている。生き別れの息子コンラ、ともに修行した親友フェルディアである。

　息子コンラとの戦いは、クー・フーリンの主君に強制されたものだった。幼いころから驚異的な強さを誇ったコンラは、まだ見ぬ実の父親に出会うため、アルスター王国へ向かう。だがアルスター王はコンラの強さを恐れ、コンラを撃退するようクー・フーリンに命令したのである。クー・フーリンは、戦っている相手が生き別れの息子であることにうすうす気づいていたのだが、王の命令を守り、ゲイ・ボルグで息子を貫いたのである。

　親友フェルディアとの戦いは、母国アルスターを守るための戦いだった。フェルディアは敵国コナハトに属してはいたが、弟弟子であるクー・フーリンとの戦いを望んではいなかった。だが、コナハトの女王メイヴにさんざん侮辱されてしまう。戦士の誇りを守るため、彼はやむを得ずクー・フーリンとの一騎討ちに向かったのである。

　一騎打ちとなった親友同士であったが、ふたりは戦いのなかでも互いへの尊敬の念を忘れることなく、まる一日互角に戦ってはお互いの健闘をたたえあい、日が暮れる前に

は戦いを終えていた。武器がなまくらになれば替えが届くまで待つ、傷を負えば薬草を贈ってお互いに同じだけの治療を受けさせる、たくさんのご馳走が届けば同じ量を分けあう、決闘が始まる前には、一日ごとにお互いが交代でその日の武器を決めるという、紳士的な一騎討ちを続けていた。これはふたりが、たとえどちらが勝とうとも「相手が自分より弱っていたから、悪い条件にいたから勝てたのだ」という、親友を貶める噂が立つことを嫌ったからである。

こうして長い決闘は4日間にも及び、ついに決着のときを迎える。この日はクー・フーリンが川の中で戦うことを選択し、ふたりは素手で殴りあった。取っ組みあいで殴りあうふたりの勢いは川の水を猛烈に跳ね飛ばし、川の水はきれいに干上がってしまったという。その最中で、フェルディアは一瞬の隙を突いて剣を抜き、クー・フーリンの胸を刺し貫いた。深い傷を負って劣勢になったクー・フーリンは、やむを得ず従者のレーグに命じて必殺の武器ゲイ・ボルグを持ち出させ、それを投げつけて、敬愛する親友にとどめを刺したのである。

決着がついたあと、クー・フーリンはフェルディアの亡骸の前でその強さを称え、嘆き悲しみ続けたという。

英雄の最期には諸説あり

英雄クー・フーリンの最後もまた、ゲイ・ボルグによるものであった。彼はコナハトの女王メイヴの暗躍によって、「ゲッシュ」という、ケルト神話の英雄に課せられる決して破ってはいけない制約を次々と破らされてしまう。

制約破りの代償として半身が麻痺し、精神的にも摩耗したクー・フーリンは、狂気に囚われたままコハナト軍に戦いを挑むのだが、その最中にさらに策略に嵌められ、無抵抗のままゲイ・ボルグを手放すことになってしまう。このゲイ・ボルグは敵の手に渡り、従者のレーグ、愛馬マハ、そしてクー・フーリン自身までもがゲイ・ボルグの餌食となったのである。腹部に致命傷を受けたことを悟ったクー・フーリンは、死して倒れ伏すよりは、立ったまま死ぬほうがましであると、刺された脇腹からこぼれ落ちた内臓を水で洗って腹に収め、石柱に自らの身体を縛りつけ、そのまま果てたのだという。

だが、クー・フーリンの最期については、異なるパターンでの伝承も残されている。戦争が終わったあとも、クー・フーリンを憎み続けていた女王メイヴは、同じくクー・フーリンを父の仇と憎む片目の3姉妹と、同じく父親を殺された息子ふたりを探しだした。メイヴは父の仇を取れと復讐をけしかけ、3姉妹はクー・フーリンを魔法の力で罠にはめ、息子たちはその隙を狙ってクー・フーリンに襲いかかる。英雄は剣を振るって善戦したものの、息子のひとりが振るった槍で身体を貫かれ、命を落としている。こちらでも、石柱に身体を縛り付けて立ち往生する、という最後は一致している。

いずれの物語においても、その後ゲイ・ボルグは登場することなく、その行方についても語られていない。

石柱に自分の体を縛りつけ、敵を見張りながら絶命するクー・フーリン。20世紀アイルランドの画家スティーブン・リード画。

英雄クー・フーリンの超人的能力

ゲイ・ボルグの持ち主である英雄クー・フーリンは、人間と神のハーフとして生まれ、超人的な身体能力を持つ戦士である。名前の読み方には諸説あり、日本語では"クー・フー・リン"、"ク・ハラン"などとも表記される。

クー・フーリンは、ふだんは黒、赤、金色にいろどられた髪をもつ美男子なのだが、戦いで興奮すると髪の毛が逆立ち、片目がめり込んで反対の目が飛び出し、筋肉がふくれあがるなど、まさに異形と言える外見に変貌する。

この興奮状態に陥るとクー・フーリンの肉体は灼熱し、敵と味方の区別も付かない狂乱状態になってしまう。この状態から彼を正気に戻すためには、樽3つぶんの水を用意して、その肉体を冷やす必要があるという。

ゲイ・ボルグというのは、武器の名前ではなくて、槍を投げる技術の名前だという説もあるようですね……つまりこれ、放てば必ず相手を倒す「技名つきの必殺技」だってことですよウェルルゥちゃん！

ガ・ジャルグ＆ガ・ボー

優れた槍と劣る槍

Gáe Dearg & Gáe Buidhe

ケルト神話・アーサー王伝説

欧文表記	Gáe Dearg & Gáe Buidhe	おもな使用者	騎士ディルムッド・オディナ
武器タイプ	投げ槍	活躍した時代	2～3世紀
出典	フィアナ神話		

神からもらった「赤槍」と「黄槍」

　アイルランドに伝わる「ケルト神話」では、多くの神話と違い、物語の舞台が西暦何年ごろなのかが、おおよその範囲ではあるが明らかになっている。ここで紹介する2本の槍「ガ・ジャルグ」と「ガ・ボー」の持ち主である、「ディルムッド・オディナ」は、ケルト神話を4つの時代に分けたうちの3番目の時代を描く「フィアナ神話」の登場人物であり、おおよそ2～3世紀ごろの人物だという設定になる。彼は若く美しい青年騎士で、地面に突き立てた槍の上に立つことができるという優れた身体能力を持っていた。また、ケルトの戦士が得意とする「城壁などの高い壁を飛び越える」技術に優れ、槍を用いて城壁や敵の包囲の上をやすやすと飛び越えることができる。戦いの腕前も折り紙付きで、彼が所属する「フィアナ騎士団」のなかでも特に有力な戦士のひとりだった。

　彼は魔法の道具のコレクターである海神マナナン・マクリールと、養父である愛の神オィングスから、多くの魔法の道具を譲り受けている。「ガ・ジャルグ」と「ガ・ボー」もこの2神からもらったものだ。

　ガ・ジャルグという名前は「赤槍」、ガ・ボーという名前は「黄槍」を意味するが、神話には「槍の色が赤や黄色」だとは明記されていない。それ以外の外見的特徴は、手で握る部分が厚く、絹の紐が結びつけられている。投げ槍に紐を結ぶことは現実でも行われ（→p168）、これを指にかけて投げることで槍の飛距離を伸ばすことができる。

　赤槍ガ・ジャルグには、「どのような魔法も効かず、相手が魔法を使っていても、敵対する生き物の喉だけは傷つけられる」という特殊な力がある。また「この槍で傷つけられたものは回復することがない」という記述も見られるのだが、この能力が2本の槍のうちどちらの能力なのか、あるいは両方の能力なのかは明確にされていない。

わずかな油断が招いた破滅

　赤槍ガ・ジャルグは、黄槍ガ・ボーよりも武器として優れていたか、あるいは魔術的に強い力を持っていたらしい。それを裏付ける以下の物語が伝わっている。

　ディルムッドは、戦いに赴くときには槍と剣を1本ずつ持って出陣するのが習慣であった。ある日、狩りに行くことになったディルムッドは、槍を2本とも持っていくべきだという妻の忠告を無視して、ガ・ジャルグではなくガ・ボーと、ベガルタという剣を持って出かけた。

　狩りの最中、ディルムッドの目の前に、魔法で守られた巨大猪があらわれた。ディルムッドはガ・ボーを投げつけるが、魔法に守られた猪には通じない。ディルムッドは猪の牙で大怪我を負い、しばらくあとに死亡したという。

　このときに、ディルムッドがガ・ジャルグを持ってさえいれば「相手がどんな魔法を使っていても、その喉だけは傷つけられる」能力で、巨大猪を倒せていただろう。妻の忠告を無視したゆえの悲劇であった。

投げ槍のヒモに指をひっかけてから投げると、投げ槍フォームの最後のところでヒモで槍を引っ張るから、ただ手で投げるよりもスピードがアップして威力が増すんだ。小さな工夫で大きな威力って気がするよ～。

illustrated by 夢双ゆち

ケルト神話・アーサー王伝説

門外不出の7宝のひとつ

ロンゴミアント
Rhongomyniad

欧文表記	Rhongomyniad	おもな使用者	アーサー王
武器タイプ	槍	活躍した時代	6世紀？
出典	ウェールズの英雄物語『キルッフとオルウェン』他		

アーサー王の秘蔵の槍

「アーサー王」といえば、聖剣エクスカリバーの伝説で有名なブリテン島の英雄だが、戦場での彼は剣だけではなく、槍などの武器でも戦っている。大部分の話では、アーサー王の用いる槍の名前は書かれていないものの、イギリスの西部にあたるウェールズ地方の物語『キルッフとオルウェン』では、アーサー王の持つ槍が「ロンゴミアント」という名前であることが明らかにされている。

『キルッフとオルウェン』において、アーサー王はその名をウェールズ読みにした「アルスル」という名前で登場する。アルスルは援助を求めるキルッフに「船、マント、剣、槍、盾、短剣、それに妻以外なら何でも与えよう」と返答するのだが、このときに槍の名前が「ロンゴミアント」であると書かれている。ただしロンゴミアントは、この台詞に名前が登場するだけで、槍そのものは物語に登場しない。

また、『キルッフとオルウェン』と同じ時代に書かれた『ブリタニア列王史』という偽歴史書で、アーサー王は異民族との戦いで「ロン」という槍を手にしている。ロンは切っ先が広くて鋭いため、敵を殺傷するのに適していたという。

『ブリタニア列王史』以降の時代に書かれたアーサー王伝説の物語では、アーサー王は生涯最後の戦いにおいて、自分を裏切った騎士モルドレッドを槍で貫いて倒している。剣で有名なアーサー王だが、彼にとっては槍もまた重要な武器であったのだ。

また、アーサー王自身の槍ではないが、伝説のなかでも特にキリスト教の色が濃い「聖杯探求」の途中にも聖槍が登場する。こちらは聖杯の城カーボネック城を訪れた円卓の騎士らの前に聖杯とともにあらわれた槍で、ロンギヌスの槍（➡p86）を彷彿とさせるものになっている。

最後の戦いで、裏切った甥モルドレッドと戦うアーサー王（右）。手に持っているのはロンゴミアントに相当する槍だと思われる。20世紀アメリカの画家、W.C.ウェイツ画。

人知を越えた英雄たち

ロンゴミアントが登場する物語『キルッフとオルウェン』では、主人公のキルッフは英雄、または若い神として描かれる。キルッフはその生まれ方もまた神秘的なもので、彼を身ごもっていた母親が豚小屋の前を通りかかったとき、豚に驚いて産気づき、その場で産み落とされたという。キルッフという名前は、豚の囲い場という意味なのだ。

ひるがえってアルスルのほうは、キルッフよりさらに強力で、神に近いような存在である。さらには、アルスルが派遣する部下たちはケルト神話における神々が人間の姿をとったものだ、と主張する説まで存在する。

「ロン」ちゅうのは、ウェールズの古い言葉で「槍」っちゅう意味や。せやから槍に「ロン」と名づけた『キルッフとオルウェン』のお話は、槍に「槍」って名前をつけたっちゅう、妙なことになっとる。

手に持って撃つか、仕掛けて撃つか？
無駄なしの弓
ムダナシノユミ
L'arc Qui-ne-faut

ケルト神話・アーサー王伝説

欧文表記	L'arc Qui-ne-faut	おもな使用者	騎士トリスタン
武器タイプ	弓	活躍した時代	不明
出典	『トリスタン物語』（著：ベルール　12世紀フランス）		

狩人騎士の必中の武器

　全ヨーロッパにその名を知られた騎士物語『アーサー王伝説』は、ブリテン島の王アーサーと、その下に集う「円卓の騎士」たちを主人公とした物語である。円卓の騎士たちはもともとヨーロッパ各地で騎士物語の主人公として描かれた人物で、本項で紹介する武器「無駄なしの弓」の使い手であるトリスタンもそのひとりだ。

　19世紀フランスの学者ベディエの著作『トリスタン・イズー物語』によれば、無駄なしの弓は優秀な狩人であったトリスタンが自作した弓であり、「人間でも獣でも、狙った場所にはかならず当たる」という必中の弓だった。フランス語の原典では、この弓の名前は「l'arc qui ne faut（かならずやる弓）」と書かれており、「無駄なしの弓」とはこれを日本語訳したものだ。

　この弓が作品に登場するのは、狩人トリスタンが騎士としてアーサー王に仕えるよりも前の時代のことだ。トリスタンは狩猟と獲物解体の腕前を買われて、マルク王という人物に仕える騎士になった人物で、竪琴や歌、戦いの技術も備えた文武両道の騎士だった。

　彼はマルク王の指示で神国から王の妻になる美姫イズーを迎えに行くのだが、その途中でイズーは、彼女の母親が夫婦円満を願って「王様とふたりきりで飲むように」と言って持たせた惚れ薬を、間違ってトリスタンとふたりで飲んでしまう。こうしてトリスタンはマルク王の妻となったイズーと禁断の不倫関係となり、やがて王のもとから駆け落ちして、ふたり森の中で隠れ住むようになる。このときにトリスタンが作った弓が「無駄なしの弓」である。

実態は狩人の仕掛け弓か？

　ベディエの書いた『トリスタン・イズー物語』は、伝承をつなぎあわせて再構成した物語であり、実はその過程で「無駄なしの弓」の性質が変化している。

　この弓は、もとをただせば12世紀フランスの作家ベルールの作とされる『トリスタン物語』に登場するものだ。現存する写本はただ一冊のみ、しかも一部が欠落しているため、全貌をうかがい知るのは困難である。

　この断片によれば「l'arc qui ne faut」とは、トリスタンが「森のなかにうまくしつらえて、狙い過たずかならず殺せるようにした。もし牡鹿なりダマ鹿なりが森を通り、引き絞った弓の仕掛けられた枝に触れようものなら、上で触れれば体の上の部分に、下で触れれば下の部分に矢が刺さり、たちまち射倒されてしまう」「高低を問わず狙ったものを射損じたためしなし」というものであった。本来の記述からは、自動で矢を放つ仕掛け罠のように見える（本文で罠だと明言されているわけではない）。

　しかしベディエは、『トリスタン・イズー物語』で、これをただ弓とのみ記したのである。『トリスタン物語』の挿絵には、トリスタンが馬上で普通の弓を手に持った姿が描かれているので、不適切な改変とは言い切れないだろう。

かならずやる、つまり「かならず命中する」から、無駄矢がない、つまり「一発必中の無駄がない弓」ということだね。このくらいズバズバと当たる弓を作ってみたいって気がするよ～。

illustrated by くらなが

ピグウィギンの槍

2インチの槍にもチクリと騎士魂

Spear of Pigwiggen　ピグウィギン ノ ヤリ

おもな使用者	妖精騎士ピグウィギン	武器タイプ	槍	活躍した時代	不明
出典	イギリスの風刺詩『ニンフィディア』（著：マイケル・ドレイトン　16世紀イギリス）					

ケルト神話・アーサー王伝説

ミニチュアサイズの名槍

神話や伝承に登場する武器は、なにも神々や人間だけが使うものではない。ここで紹介する「ピグウィギンの槍」は、16世紀初頭、日本ではちょうど戦国時代に突入したころにイギリスで書かれた詩『ニンフィディア』に登場する、妖精騎士ピグウィギンが使った馬上槍（ランス）だ。ピグウィギンは装備の大きさから想像するに、身長10cmにも満たないと思われる小さな妖精であり、その武器も人間が扱えないほどに小さいものだ。

ピグウィギンの槍は、芝生の材料にされる植物「ベント芝」製の柄と、ウマバエという蠅のくちばしで作られた、硬くて強い槍だ。穂先は鋭く、作品中では「どんな防具でも反らすことができない」と、その性能を高く評価されている。全長は2インチ（約5cm）であり、ちょうど我々が食後に使う「つまようじ」と同じくらいの大きさだ。

物語では、槍以外の装備についてもくわしく描写されており、それらの性能もかなり優秀であるようだ。

- 鎧：魚のうろこで作ったスケイルアーマー。いかなる武器の切っ先もとおさない。
- 盾：ザルガイという二枚貝の貝殻で作られている。貫くことは困難だという。
- 兜：カブトムシの頭部製。馬のたてがみと羽毛で飾られ、敵を威嚇し恐れさせる。
- 剣：スズメバチの針製のレイピア。この剣による傷は毒液の影響か、非常に治りにくい。
- 馬：「ハサミムシ」という、尾の部分にハサミの付いた、昆虫の背に乗っている。

アーサー王伝説との関係

『ニンフィディア』の登場人物は、どれも『アーサー王伝説』を風刺する形で描かれている。アーサー王の役割は妖精の王オベロンに、騎士ランスロットの役割は妖精騎士ピグウィギンに与えられている。そして『アーサー王伝説』のランスロットが、アーサー王の妻と不倫関係にあったのと同じように、騎士ピグウィギンはオベロンの王妃と恋仲になる。この三角関係が露見して、ピグウィギンとオベロンが対立するのも『アーサー王伝説』同様の展開だ。不倫や嫉妬に振り回される『アーサー王伝説』の英雄の姿を小さな妖精になぞらえて、滑稽味を表現しているが『ニンフィディア』の特徴である。

『アーサー王伝説』では、ランスロットと対立したアーサー王は、裏切りの騎士モルドレッドとの戦いによって致命傷を負ってしまうのだが、『ニンフィディア』のオベロン王は違った結末を迎える。オベロン王とピグウィギンは最終的に一騎討ちとなるのだが、ふたりは「このままではふたりとも死んでしまう」と心配した魔法使いの手によって記憶の一部を消されてしまうのだ。この魔法のおかげで、ピグウィギンとオベロンは不倫騒動のことをきれいさっぱり忘れてしまい、末永く仲良く平和に暮らしたという。

『ニンフィディア』が出たころの妖精は、恐ろしくてアブナイ魔物だったんだそうですよ。『ニンフィディア』のような作品が作られたおかげで、妖精は今のように親しみやすいキャラクターになったんですって。

illustrated by 瞭

世界の鍛冶師・鍛冶神事典③

ブリギッド／ゴヴニュ

次はケルト神話の鍛冶神様ですね……。
あら、おふたりとも"3柱"トリオの神様なのですね？

ケルト神話はとにかく"3"にこだわる神話でな、どの属性の神々も3人1組を組んでいることが多いのだ。

技術の女神3姉妹の鍛冶担当
ブリギッド

性別：女性
出典：ケルト神話（アイルランド）

　ブリギッドは、アイルランドに伝わる「ケルト神話」に登場する鍛冶の女神である。34ページで紹介した「ダグザの棍棒」の持ち主"豊穣神ダグザ"の娘であり、同じくブリギッドという名前を持つふたりの姉妹とひとまとめにして「ブリギッド」と呼ばれる。ふたりの姉妹は、ひとりは詩と学問の専門家であり、もうひとりは治癒の技術を持ち、そしてこのブリギッドは金属を鍛える技術者であった。

　ブリギッド3姉妹は、人々の文化的な生活を支える技術の守護者であることから大変人気があり、女神という存在全体を「ブリギッド」と呼ぶことがあるほど広く崇拝されていた。

　後世、キリスト教がアイルランドの土着信仰を抹消しようとしたときも、ブリギッドへの信仰を完全に消すことはできなかった。そのためキリスト教の宣教師たちは、ブリギッドを「聖ブリギッド」というキリスト教の「聖人」に変え、ブリギッド信仰に配慮しなければいけなかったという。

必中必殺の武器職人神
ゴヴニュ

性別：男性
出典：ケルト神話（アイルランド）

　アイルランドの神には、3柱で1組の者が多い。このゴヴニュは「技芸の三神」のひとりで鍛冶を担当し、建築神ルフタ、および金属加工神クレーニュとトリオを組んでいる。

　ゴヴニュは神話の冒頭で語られる神々の戦いにおいて、神々の武器を鍛えたり補修する係として、ルフタやクレーニュとともに大活躍している。また、ゴヴニュはハンマーをわずかに3回振るだけで武器を作ることができたという。こうして鍛えた武器は、決して狙いを外すことがなく、その武器で傷を受けたものは決して命が助からないという、命中精度と殺傷力を備えた武器になった。

　また、ゴヴニュは神々に不老不死を与える神でもある。彼が異界で主催する「ゴヴニュの宴」では、いくら食べても中身が減らない大釜から大量の料理が振る舞われ、彼が宴の参加者に配る酒には不老不死の力があったといわれている。ゴヴニュは鍛冶の力だけにとどまらない偉大な神だったようだ。

ギリシャ神話

ヨーロッパ南東部、
アジアとの接点にある国「ギリシャ」の神話は、
世界の神話のなかでも珍しく、
名のある「剣」がほとんど登場しません。
多くの神々や英雄たちは剣以外の武器、
例えば槍や棍棒、
弓矢などを使って敵と戦います。
この章では、
ギリシャの神々や英雄が振るう特別な武器のなかから、
厳選した6組7本の武器を紹介しています。

最高神の陰部を切り取った刃
アダマスの鎌
アダマス ノ カマ

おもな使用者	農耕神クロノス	武器タイプ	鎌	活躍した時代	神話
出典	ギリシャ神話『神統記』（著：ヘシオドス　紀元前7世紀ギリシャ）他				

最硬の金属で作られた鎌

　ギリシャ神話でゼウスが最高神になる前の時代、最高神はゼウスの父、天空神ウラノスだった。このウラノスの男性器を切り落とした「アダマスの鎌」という武器がある。

　この鎌は、大地の女神である「ガイア」の体内より生まれた金属"アダマス"でできている。この金属をガイアが研いで、鋭い刃としたものがアダマスの鎌である。アダマスとはギリシャ語で「征服されざるもの」という意味で、この金属はあらゆる金属より硬いとされ、のちにダイヤモンド（金剛石）の語源ともなった。このため、一部の翻訳ではアダマスの鎌を「金剛の斧」と訳す場合もある。

　アダマスの鎌の外見は、剣や大鎌とされることもあるが、これは後世になってつけ加えられたイメージである。ギリシャ神話の信仰が生きていた時代の壺絵やレリーフでは、アダマスの鎌は、短い柄のついた収穫用の手鎌の形で描かれている。

16世紀イタリアの画家、ジョルジョ・ヴァザーリの絵画「クロノスとウーラノス」。アダマスの鎌は、黒曜石のような刃がついた大鎌として描かれている。

大地母神の復讐劇

　アダマスの鎌の誕生は、世界の始まりのころ、天空の男神ウラノスと大地の女神ガイアが交わり、次世代の神々を生んだ時代までさかのぼる。

　ウラノスとガイアの最初の子供である巨人たちは、外見が醜かった。そのためウラヌスは彼らを嫌い、地の底の奈落"タルタロス"に投げ込んでしまう。ガイアはこれに怒ってアダマスの鎌を作り出し、新しい子供であるティターンたちに、ウラノスへ復讐するよう命じたのだ。

　ティターンたちは、天空であるウラノスが大地ガイアに覆いかぶさるところを狙って襲いかかり、ウラノスを押さえつけた。そして、ティターンの末の弟であるクロノスが、背後からウラノスの男根をアダマスの鎌で切り取って最高神の地位から追放した。こうして彼らは、母ガイアのかわりに復讐を成し遂げたのである。

　ちなみにウラノスの男根は海に投げ捨てられ、大地に滴った血液から、巨人ギガス、復讐の三女神エリニュスが生まれた。さらに、海面に落ちた男根から漏れた精液が泡立ち、そこから美の女神アプロディテが生まれたという。

　父であるウラノスを追放したあと、アダマスの鎌はしばらくクロノスの元にあったのだが、クロノスはその後、自分の子供に権力を奪われるという予言を受けたため、妻が子供を産むたびにその子供を飲み込むようになった。この悪行が原因で、クロノスは自分の息子であるゼウスに敗れ、最高神の地位とアダマスの鎌をゼウスに奪われている。

蛇の髪の毛を持つ魔物「メドゥーサ」を倒した勇者ペルセウス様も、「ハルペー」という鎌を使って敵と戦ったそうですわ。このハルペーも神様からの献上品だそうですから……もしかして、同じ鎌だったりするんでしょうか？

illustrated by 浜田遊歩

石突き一撃、海にも水にも奇跡を起こす
トライデント
τρίαινα

欧文表記	τρίαινα	おもな使用者	海神ポセイドン
武器タイプ	槍	活躍した時代	神話
出典	『ギリシア神話』（著・アポロドーロス　1～2世紀ギリシャ）他		

ギリシャ神話

巨人が作った神の槍

　トライデントとは「三つの歯」を意味し、ギリシャ神話の海神ポセイドンが持っている三つ叉の槍の名前である。この武器は、ギリシャ神話の天空神ゼウスとその兄弟が、当時の最高神である農耕神クロノスと戦った「ティタノマキア」という戦争の最中、ゼウスたちが解放した鍛治師の巨人キュクロプス（➡p28）からもらった武器である。

　現実の世界では、先端が三つ叉になった槍は、戦闘用ではなく水中で魚を突くための道具として使われることが多い。この武器を受け取ったポセイドンは海の神であり、まさにおあつらえ向きの武器であるだろう。

　ポセイドンの武器となったトライデントは、戦争以外の場でも活躍した。ポセイドンは、神の奇跡を起こすときに、トライデントを使うことが多いのだ。例えば古代ローマの詩人が書いた神話物語集『変身物語』の冒頭では、人類が大洪水で滅びてしまうが、この大洪水はポセイドンがトライデントで大地を3回叩いて呼び寄せたものだ。地上をあらかた押し流したあと、ポセイドンがトライデントを横に置くと、洪水はおさまったという。

　また、現在のギリシャの首都であるアテネ地方の支配権をめぐって、ポセイドンが女神アテナと争ったときは、トライデントで地面を打ち、塩水の泉を湧き出させるという奇跡を起こしている。ただしこの争いでは「より民衆を満足させた者が勝者となる」という条件で競っていたため、油がとれるオリーブの木を生やしたアテナのほうが民衆に支持され、アテネを得ることはできなかった。

15世紀イタリアの画家、アーニョロ・ブロンズィーノによる、ポセイドンの絵画。右手に持っているのがトライデント。

実は大地の神だった？

　ポセイドンは一般的に海の神として有名だが、もともとは、ゼウスより古くからギリシャで信仰されていた大地の神であったらしい。そのためかギリシャ神話の物語でも、海神であるはずのポセイドンが、大地にまつわるさまざまな奇跡を起こしている様子が見られる。怒り狂うと強大な地震を起こして世界そのものを激しく揺さぶるとされており、さらには上で紹介した洪水の逸話も、まずトライデントで地面を叩いたことで地震が発生し、そのときにできた地割れから湧き出した水が洪水を引き起こしているのである。ほかにも、神々のあいだで戦争が起きれば、そのたびにトライデントを振るって宇宙を含む全世界を揺さぶっている。その威力は冥界の王ハデスなど、数多くの神々が恐れおののいたほどであったという。

　このように大地をあやつる力、特に地震の力を持っていたため、ポセイドンは後世の詩人に「大地を揺する」「大地を抱く」「大地を所有する」などの二つ名で呼ばれている。

この「トライデント」っちゅうのは英語の名前でな、古代ギリシャ語では「トリアイナ」と呼んどったんや。ただ最近じゃトライデント、トライデントと英語のほうしか使わんから、ここでも英語名のほうを使わせてもらったで。

illustrated by こるせ

突然死をもたらす報復の矢
アポロンの弓矢 & アルテミスの弓矢
アポロンノユミヤ　　アルテミスノユミヤ

おもな使用者	太陽神アポロン、月の女神アルテミス	武器タイプ	弓矢	活躍した時代	神話
出　　典	ギリシア神話『神統記』（著：ヘシオドス　紀元前7世紀ギリシャ）他				

双子の狩猟神が持つ弓矢

　アポロンとアルテミスは、ギリシャ神話に登場する双子の神である。この双子神は多くの事柄を守護しており、なかでもアポロンは太陽神、アルテミスは月の女神としての性質がよく知られている。だがこの性質はアポロンとアルテミスが本来持っていたものではなく、古代ギリシャ人があとからつけ足したものだ。もともとのアポロンとアルテミスは、ふたりとも狩猟を守護する神であり、それゆえに専用の強力な弓と矢を持っている。

　姉であるアルテミスの弓矢は、「黄金の矢を放つアルテミス」という異名のとおり、黄金色に輝く美しい弓矢であり、これは鍛冶神ヘパイストスが純金で作ったものである。これはアルテミスが黄金と鹿を愛するためで、彼女の乗り物である"鹿に引かせる戦車"の手綱も黄金でできている。

　弟アポロンの弓矢は、資料によって外見が違っており、銀の弓矢である場合と、黄金の弓矢と書かれる場合の2とおりがある。これは、もともとの神話では「銀弓の神アポロン」という異名を持ち、銀の弓を持っていた。しかし、のちにアポロンが太陽神の属性を与えられたため、太陽神にふさわしい色である黄金の弓を持っている、というイメージの方が強くなり、その結果が素材の変化を生んだ、と考えられている。

　アポロンとアルテミスは、もちろん弓矢の達人である。神話のなかでは、この姉弟がおたがいの弓の腕を競いあうシーンも見られる。また、姉弟が弓を使う様子が具体的に描写された一節もある。それによればアルテミスは「注ぐように矢を連射する」という。またアポロンの射た矢はどこまでも届くので、アポロンは「遠矢射るアポロン」という異名で呼ばれることもある。

アポロンとアルテミスをかたどった彫像。アポロンはアメリカのウォルターズ美術館、アルテミスはフランスのヴェルサイユ宮殿蔵。

矢が持つ特殊能力

　アポロンとアルテミスが使う弓と矢のうち、特別な能力が備わっているのは「矢」のほうだ。

　まず、ふたりの矢には、人間を傷つけることなく即死させる能力がある。ただしこの能力には、効果を発揮するための条件があり、アポロンの矢は男性だけを、アルテミスの矢は女性だけを即死させる。ギリシャの人々は、人間の突然死はこの双子神が放った矢のしわざだと考えていたのである。つまり男性が突然死した場合は「アポロンの矢に撃たれた」、女性の場合は「アルテミスの矢に撃たれた」と表現したのだ。

　アポロンの矢には、これに加えて「疫病をもたらす」といういう恐ろしい能力が備わっている。今なお巧妙な策略の代名詞として使われる欺瞞作戦“トロイの木馬”のエピソードで有名な「トロイア戦争」において、アポロンはギリシャ軍の総大将に自分の信者を誘拐され、侮辱されたことに怒り、ギリシャ軍に罰を与えることにした。夜の闇のように暗い姿になったアポロンは、ギリシャの軍勢に向かって矢を放ちはじめた。するとはじめは犬やロバが死に、その後多くの兵士たちが疫病に倒れたという。

　ちなみに、ふたりの矢で撃たれた者は一切の苦痛を感じることなく死に至るため、ふたりの矢には「優しい矢」という別名もついていた。

欲しいものはおねだりで手に入れた

　アポロンとアルテミスの弓矢は、どちらも姉弟が生まれて間もないころに、ほかの神からもらったものだ。
　母親である女神レトから双子が生まれると、アポロンは生まれてはじめて話す言葉で、このように要求したという。
「竪琴と曲がった弓を我が物とさせていただきたい。また、わたしはゼウスの過つことなき御意思を人間たちに宣り告げよう」
　神々はこの要求にこたえて、鍛冶神ヘパイストスに、アポロンに与える銀の弓矢と、アルテミスに与える金の弓矢を作らせたのである。
　また、アルテミスは幼少のころ、父神のゼウスにもさまざまな要求をしている。神々の住む山オリュンポスでゼウスに謁見したときに、まずゼウスの膝に乗って、自分が永遠に処女でありつづけることを願い出てから、すべての山々、大勢の海の精霊ネレイスたち、いくつかの都市、そして数多くの名前を求めたという。それに対してゼウスは、かわいい愛娘からの望みとあらばとばかりに、それ以上のものを微笑みとともに気前よく与えている。

16世紀イタリアの画家ティツィアーノ・ヴェチェッリオが描いた油絵『ディアナとアクタイオン』。処女神アルテミスと彼女に仕えるニンフの水浴びを覗いた猟師アクタイオン（左）は、報復で鹿に変えられ、自分の猟犬に喰い殺された。アルテミス（右）の処女性を示した有名な神話である。

ふたりの弓矢が狙う者は？

　アポロンとアルテミスは、非常に姉弟思い、母親思いの神である。母親レトに害をなす者、姉弟のいずれかと敵対する者に対して、アポロンとアルテミスは容赦なく矢を撃ち込み、かたっぱしから殺害してしまう。
　女神レトや双子に対して刺客を送り込んでいるのは、最高神ゼウスの正妻、結婚の女神ヘラである。ヘラは非常に嫉妬深い性格であり、ゼウスの不倫相手やその子供を憎んで激しく攻撃する。しかも、ゼウスに見初められたレトが妊娠したときに「これから生まれる子供は、ヘラの子である軍神アレスなどより優秀な神に育つ」という予言があったため、ヘラはことさらにレトとその子供のことを憎んでいた。そのためヘラは、巨人や怪物などをけしかけて、レトの出産を妨害したり、危害を加えようとしていたのだ。
　ふたりが家族に徒なす者に対して非情かつ苛烈に対応するのは、生まれる前からヘラの攻撃を受けていたことや、特にアルテミスが、生まれた直後に出産の女神の役割を与えられ、難産に苦しむ母親レトの母胎から弟アポロンを取り上げたという、その生い立ちにもあるのだろう。
　ただし、双子の矢に撃たれるのは、アポロンたち家族の敵ばかりではない。おたがいを深く信頼し、愛しすぎていたためだろうか、この姉弟はおたがいの恋人を何度もその手にかけている。特に、アポロンの姉に対する執着は「家族思い」という域を越えており、アルテミスと恋仲となった巨人の狩人オリオンを、謀略によってアルテミス自身に殺害させてしまったことさえあるのだ。
　まずアポロンは、オリオンに怪物をけしかけて、オリオンが海に逃げるように仕向けた。そして彼が人相を判別できない遠くへ行ったところで、アルテミスに「あれはニンフを襲った野蛮な賊だ」と嘘をつき、アルテミス自身の矢でオリオンを射殺させたのである。のちにことの真相を知ったアルテミスは深く悲しみ、父ゼウスに死者の復活を懇願したが、それは決して許されることではなかった。せめてその姿をいつでも見られるようにと、ゼウスはオリオンを天に上げ、星座にしてアルテミスを慰めたという。

アルテミスに射殺されたオリオンを描いた「Diana next to the Corpse of Orion」。16世紀の画家ダニエル・サイターの作品。

アポロンさんは医療の神様でもあるから、いうことを聞かない人間に「疫病の矢」で罰を与えて、人間たちが反省して貢ぎ物とかをささげてきたら治してあげるのかぁ。なんだかひどいマッチポンプな気がするよ〜。

テュルソス

武器の形が我が人生

θύρσος

欧文表記	θύρσος	おもな使用者	ディオニュソス、その女性狂信徒マイナス
武器タイプ	杖	活躍した時代	神話
出典	ギリシア神話『神統記』（著：ヘーシオドス　紀元前7世紀ギリシャ）他		

ギリシャ神話

蔦に覆われた杖は巨人殺し

　テュルソスは、ギリシャ神話に登場する、不思議な形をした杖である。木製の杖が、ブドウの葉とツル植物の常春藤（キヅタ）の葉でおおわれており、杖の先端には大きな松ぼっくりがついている。この奇妙な杖は、ギリシャ神話の豊穣とブドウ酒と酩酊の神"ディオニュソス"のシンボルとされるものである。ただしテュルソスは、あくまで上記のような形に作られた杖の総称である。ディオニュソスの女性信徒である「マイナス」たちもこの形をした杖を持っており、それらもすべて「テュルソス」と呼ばれる。ディオニュソスの杖だけがテュルソスと呼ばれるわけではないのだ。なお、ディオニュソスはローマ神話のワインの神バッコスと同じ神だと考えられているため、この杖は「バッコスの杖」とも呼ばれている。

　本来は信仰のシンボルにすぎないテュルソスだが、ディオニュソス自身が使ったときは、一度だけ武器として大きな戦果をあげている。最古の母神ガイアが生み出した巨人族ギガスたちが、ゼウス率いるオリュンポス神族から、宇宙の支配権を奪うために起こした戦争「ギガントマキア」において、ディオニュソスは父ゼウスに味方し、巨人エウリュトスをテュルソスで打ち倒したのだ。

　ただしディオニュソスは、テュルソスでの攻撃でエウリュトスを殺すことはできなかった。これはテュルソスの武器としての性能に問題があるのではなく、ギガスたちが「神の手で殺されない」という特殊能力を持っていたからだ。神々はギガスたちにとどめを刺すために、半神半人の英雄ヘラクレス（→p64）を呼び寄せ、神々が打ち倒したギガスたちを射殺して回らせたという。

エジプトのテーベで見つかったという、紀元前4世紀ごろの壺に描かれたディオニュソスと聖女アリアドネ。テュルソスらしき杖を持っているのがディオニュソスだ。

その杖は死と再生の象徴

　テュルソスに巻きついた2種類の葉は、ディオニュソスの人生を表現したものだと考えられている。

　ディオニュソスは、最高神ゼウスと人間の王女セメレーのあいだにできた不倫の子であるため、母セメレーはゼウスの正妻である女神ヘラに憎まれていた。ヘラはディオニュソスを身籠っていたセメレーをだまして、ゼウスの雷がセメレーをその胎児ごと焼いてしまうよう謀るのだが、偶然にも常春藤（キヅタ）が雷をさえぎったため、母は死んだが胎内のディオニュソスは生き残った。その後ゼウスの助けで生き延びたディオニュソスは、ヘラの追跡から逃げながら、みずからの神性を認めさせるために放浪の旅を続け、当時ギリシャにはなかったブドウや酒、そして多くの信者をギリシャに連れ帰った。その実績により、ディオニュソスは晴れてゼウスの子と認められたという。

人間の胴体のことをイタリア語で「トルソ」と言いますけど、この言葉はディオニュソス様のテュルソスが語源なのだそうです。なぜ棍棒の名前が胴体の語源なのでしょうか、気になりますわ。

illustrated by sakusaku

不治の傷を与える槍
アキレウスの槍
アキレウス ノ ヤリ
Spear of Achilles

おもな使用者	英雄アキレウス	武器タイプ	槍／投げ槍	活躍した時代	紀元前12世紀ごろ？
出典	英雄物語『イリアス』（著：ホメロス　紀元前8世紀ギリシャ）他				

ギリシャ神話

無敵の勇者が手にした巨槍

　ギリシャ神話の物語は、神々を主人公にした物語と、人間を主人公にしつつ、そこに神々が干渉してくる物語のふたつに分類できる。このページで紹介する槍の持ち主「アキレウス」は、人類の戦いに神々が干渉する神話『イリアス』で、主人公的な活躍を見せる英雄だ。

　アキレウスの槍は、アキレウスの養父でもある半馬半人の種族「ケンタウロス」の賢者ケイロンが、かつてアキレウスの父ペレウスに与え、それが息子のアキレウスに渡ったものだ。穂先は鉄製で、柄の部分はヨーロッパ各地の神話にもしばしば登場する、トネリコという木で作られていた。非常に大きく重い槍であったため、アキレウス以外の人物には使いこなせなかったといわれている。アキレウスは普段、この槍の穂先を美しい鞘に収めていた。

　重すぎてアキレウス以外には扱えない、という難点こそあるものの、槍の破壊力は一級品だった。アキレウスは、この槍を振るって敵軍の列をなぎ倒す、投げつけて敵を刺し殺すなどの使い方で、数々の功績をあげている。また、この槍には不思議な能力も備わっていた。アキレウスの槍で受けた傷は、自然に治ることがないのだ。この傷を治すためには、槍の穂先についた「サビ」を削り落として、傷口にこすりつけるしかないという（穂先を削った「鉄粉」が必要だとする物語もある）。

　物語中では、アキレウスの槍で足を傷つけられた勇士が、化膿したまま治らない傷口に苦しむ描写が見られる。この勇士たちは、のちにアキレウスのもとを訪ね、槍のサビを傷口に塗ってもらったことで無事回復した。

不死身の英雄アキレウス

　アキレウスは、不死身の肉体を持つ、ギリシャ神話屈指の偉大な英雄である。彼はペレウスという英雄と、海の女神テティスとのあいだに生まれた半神半人の血筋だった。ちなみに、ヘラクレスを代表とするギリシャの神話に登場する偉大な英雄は、ほとんどが神の血を引いている。

　アキレウスは、赤みがかった金髪の持ち主で、美しい容姿と俊足の持ち主だった。剣や弓などの武芸、医術や芸術にも優れており、素手でも敵を倒せるほどの強さを持っていたのだが、気性が荒く、非常に短気なのが欠点だった。また、彼の皮膚はどのような鎧よりも頑丈で硬く、人間の武器では傷つけられないほどであった。

　アキレウスが頑丈で硬い肉体を持っているのは、母親の女神テティスのはからいによるものである。テティスは幼い我が子を不死の存在とするため、彼の体を冥府を流れる川「ステュクス」の水に浸し、無敵の肉体を与えたのである。だが、このときテティスが握っていた「かかと」には魔法の力が与えられなかったため、ここがアキレウスの弱点となった。現在でも、ふくらはぎとかかとをつなぐ腱を「アキレス腱」と呼ぶが、この名前はこのアキレウスの弱点の逸話からつけられたものである。

アキレウスさんの武器は槍以外もすごいね～。兜に脛当て、盾、それに槍だけじゃなく銀色の剣までセットになってるみたい。神話ではこのへんを全部まとめて「アキレウスの武具」って名前で呼ぶみたいだね。

illustrated by 雪子

稀代の英雄が放つは一撃必殺の矢

ヒュドラの毒矢

ヒュドラ ノ ドクヤ

おもな使用者	英雄ヘラクレス	武器タイプ	矢	活躍した時代	神話
出典	神話物語『ギリシア神話』（著：アポロドロス　1～2世紀ごろギリシャ）他				

ギリシャ神話

使い手をも殺した猛毒の矢

　ギリシャ神話でももっとも有名な英雄「ヘラクレス」。大神ゼウスと人間のあいだに生まれた怪力無双の人物で、さまざまな英雄的偉業を達成した。

　ヘラクレスの偉業のひとつに「ヒュドラ」という毒蛇退治がある。この蛇の胆汁（血とする意見も多い）は、触れたものをかならず殺すという猛毒だった。ヘラクレスは従者と協力してヒュドラを倒すと、自分の矢をヒュドラの猛毒にひたし、一撃必殺の武器にしたのである。

　神話では、ヘラクレスが明確に「毒矢を使った」とわかる場面は少ないが、ヒュドラの毒矢を放っているシーンではかならず当たった相手が死ぬという絶大な威力を見せている。例えば彼が、半人半馬の種族ケンタウロスともめごとを起こしたとき、彼は逃げたケンタウロスたちにヒュドラの毒矢を射た。この毒矢はケンタウロスのひとりを貫通すると、彼らが逃げ込んだ住処の主である「ケイロン」という別のケンタウロスに刺さってしまう。ケイロンは不死の存在だったが、毒の苦痛に耐えきれず、神に頼んで不死をほかの神に譲ることで死を選んだ。さらに、ケイロンから毒矢を抜いた別のケンタウロスが誤って自分の足に矢を落とし、たちまち死んでしまった。毒矢の威力がどれほどのものだったかが垣間見えるエピソードだ。

　この毒は、ヘラクレス自身も破滅に導くことになる。あるときヘラクレスは、自分の妻に手を出そうとしたネッソスというケンタウロスを毒矢で殺害した。死の間際、ネッソスはヘラクレスの妻に「自分の血は媚薬なのでとっておくように」と告げたのだ。この後、妻は夫であるヘラクレスの愛を疑い、夫の下着にネッソスの血を塗り込む。ネッソスはヒュドラ毒で死んだのだから、その血には当然ヒュドラ毒が混じっている。下着を着たヘラクレスは毒を受け、苦痛のあまり自分に火を放たせて死を選んだという。

弓の名人ヘラクレス

　棍棒や怪力を駆使する姿が強調されやすいヘラクレスだが、実は彼は弓の名手でもある。狩猟の神アポロン（→p56）に弓術を授かったエウリュトスという人物から、我流ではない正式な弓術を教わっているのだ。

　ヘラクレスの弓術は、ゼウスをはじめとしたオリュンポスの神々と大地の女神ガイアが産みだした巨人ギガスとの覇権をめぐる争い「ギガントマキア」でも発揮されている。ギガスたちは、「神々には殺されない」という能力があったため、ゼウスが半神半人であるヘラクレスを味方に引き入れたのだ。ヘラクレスはその怪力でギガスを圧倒するだけでなく、神々の攻撃で弱ったギガスの "すべてのものが死につつあるところ" を矢で射貫いて殺していった。

　このときヘラクレスが使用した矢の詳細は明らかではないが、一説ではヒュドラの毒矢を使ったといわれている。ギガントマキアはヘラクレスのヒュドラ打倒よりあとに勃発しているため、時系列に矛盾はない。

毒で亡くなったあとのヘラクレスさんは、ゼウスお爺様に神にしてもらって、ヘラ様と和解して、その娘のヘベ様と結婚したそうです……ヘラ様に虐待されてた人間時代より、どう見ても今のほうが幸せそうですわね。

illustrated by tecoyuke

両刃斧ラブリュス

ねえねえ箱さん、ギリシャ神話の武器といえばあれがあるんじゃない？牛の頭をした人……そう、「ミノタウロス」が持っている両刃の斧。なんであんなに有名な斧を紹介しないのかしら？

ああ、ミノタウロスの両刃斧「ラブリュス」でんな……実はなパンドラはん、ミノタウロスは最近の創作じゃ斧を持ってることが多いんやけど、本来の神話では武器を持っていないんや。つまり「後づけ設定」ちゅうことになる。

あら、何の話をなさっているのですか？牛の頭を持つ怪物が振るった両刃斧……素敵ですわね、インドでは牛は神聖な動物なのですよ。たとえ創作だとしてもお話を聞いてみたいです。

クレタ島のミノタウロス神話

牛頭人身の怪物「ミノタウロス」は、ギリシャの南方に浮かぶ島「クレタ島」の王妃が、神々の罰の影響で雄牛に欲情するようになり、雄牛と性交した末に産んだ異形の子供である。クレタ島の王は、ミノタウロスを閉じこめるために「ラビュリントス」という巨大な迷宮を作り、毎年そこにミノタウロスが食べるための生け贄の人間を送り込んでいた。

のちの英雄テセウスは、生け贄のひとりとしてラビュリントスに乗り込み、クレタ王の娘の協力を得てミノタウロスを倒して生還したのだ。

ミノタウロスと斧（ラブリュス）の関係

英語で迷宮を意味する単語「ラビリンス」は、このクレタ島の宮殿の名前からとられたという説がある。一説によればクレタ島には、この伝説の元になった宮殿があり、下の写真のような両刃の斧（ラブリュス）が多く描かれていたため、「両刃の斧の館」という意味で「ラビュリントス」と呼ばれたというのである。

神話に登場するミノタウロスは斧を持っていなかったのだが、斧とミノタウロスは無関係ではない。そもそもラブリュスとは、両刃斧の形が、クレタ島で信仰対象となっている牛の角に似た形だったために、神聖なものとして広まったという説があるのだ。

紀元前540年ごろの壺絵に描かれたテセウスとミノタウロスの戦闘場面。ミノタウロスは斧を持っていない。フランス・ルーブル美術館蔵。

クレタ島で多数発掘された、純金製の小さなラブリュス。このようにお守りやアクセサリになるほど、ラブリュスは人気のあるデザインだった。

ファンタジー作品だと、斧って両刃のことが多いよね。でも実際の戦場では、軽くて当てやすい片刃の斧が多いんだ。現実世界で両刃の斧をよく使うのは、木こりさん！2個ある刃の性質を変えて、斬る木材の性質によって使い分けるんだって。

その他ヨーロッパの神話伝承

ここまで紹介してきた、北欧の神話、ケルト神話、
アーサー王伝説、ギリシャ神話のほかにも、
ヨーロッパには数多くの土着の神話、英雄物語が存在しています。
なかでも代表的なのが、
8世紀に実在した帝王「シャルルマーニュ(カール大帝)」と
その部下たちを主人公とする『シャルルマーニュ伝説』でしょう。
この章では『シャルルマーニュ伝説』に登場する2本の槍をはじめ、
ヨーロッパ各地の神話伝承で活躍した、
槍や斧、棍棒、
そして「銃弾」を、合計6種類紹介します。

触れれば転ばす不思議な槍
金の穂先の槍
キン ノ ホサキ ノ ヤリ

おもな使用者	騎士アストルフォ、女騎士ブラダマンテ	武器タイプ	槍	活躍した時代	中世
出典	叙事詩『狂えるオルランド』（著：ルドヴィコ・アリオスト　15世紀イタリア）				

その他ヨーロッパの神話伝承

魔女たちの助けで勇敢な騎士に

　全身を甲冑に包み、馬に乗って戦う騎士たちが、もっとも恐れることのひとつが「馬から落ちる」ことである。武器による攻撃なら鎧が弾いてくれるが、馬から落ちれば打撲や骨折の危険があるうえ、数人の敵に取り押さえられ、捕虜になるおそれがあるからだ。8世紀に実在した王「シャルルマーニュ」とその騎士たちを題材にした物語『狂えるオルランド』には、"馬に乗った者は、その穂先に少し触れるだけで馬上から弾き落とされる"という、騎士の天敵と言うべき槍が登場する。

　この強力な槍を振るって大活躍したのが、アストルフォという騎士だ。彼は見た目こそ眉目秀麗だが、非常にいい加減な性格のお調子者で、戦いの技術も半人前という、何とも情けない騎士であった。だが、魔女メリッサからたまたまこの槍をもらったアストルフォは、槍の能力のおかげで目覚ましい戦いぶりを見せるようになる。

　さらにその後、魔女ロジスティッラの寵愛を受けた彼は、魔女からあらゆる魔法の罠を打ち破る方法が記された「魔法の本」、吹けばすさまじい音を響かせ、聞いた人が恐怖で逃げ惑う「角笛」をもらい受ける。3つの道具をうまく使い、アストルフォは身の丈にあわぬ数々の武勲を打ち立てるのである。

　だがアストルフォは、魔法の本と角笛は意識して使っているのだが、槍に落馬の魔力があることには物語の最後まで気づかなかった。そのためアストルフォは、空を飛ぶ馬に乗ることになったときに同僚の女騎士ブラダマンテに槍を預け、それ以降は金の穂先の槍を使っていないのだ。

　槍の最後の持ち主となったブラダマンテは、長い髪の毛を持つ容姿端麗な女騎士だった。アストルフォとちがってもともと強い彼女がこの槍を持てば鬼に金棒。作中の最強騎士と思われるイスラムの女騎士マルフィーザに勝利したのは、この槍を持ったブラダマンテただひとりだ。余談ではあるが、実はブラダマンテもまた槍に転倒の魔力があることに最後まで気づいていなかった。

恋愛からSFまで展開するエンターテイメント作品

　この『狂えるオルランド』という作品は、未完の英雄物語『恋するオルランド』の続編という位置づけで、別の作者によって書かれたものだ。タイトルのとおり、本作の主人公オルランドはアンジェリカという姫に恋い焦がれるのだが、失恋したショックで正気を失ってしまう。

　本作は、複数の人物に焦点が当たる群像劇である。オルランドのアンジェリカを求める放浪の旅のみならず、キリスト教側の女騎士ブラダマンテとイスラム教側の勇者ルッジェーロとの、敵対するふたりの禁断の恋など、多彩なテーマが描かれている。

　さらにはオルランドの正気を取り戻すべく、アストルフォがキリスト教の聖人「聖ヨハネ」とともに、地上で失われたすべてのものがあるという「月」へ降り立つなど、荒唐無稽な展開も見られる。

アストルフォさんは、物語の最後のほうで、ほとんどの魔法の武器や道具を失ってしまったのに、それまでと変わらず勇敢に戦ったそうです。モノに頼らずに勇敢に戦う、気高い精神は見習うべきものですね。

illustrated by 葉山えいし

ロバも潰れる超重槍

マルテ
Maltet

欧文表記	Maltet	おもな使用者	イスラム総督バリガン
武器タイプ	槍	活躍した時代	8世紀
出典	フランスの英雄物語『ローランの歌』（著者不明　11世紀フランス）		

あまりに重く分厚い異教徒の悪槍

　8世紀後半、ちょうど日本で奈良の「平城京」から、京都の「平安京」へ都が移された前後の時代に、ヨーロッパでは「シャルルマーニュ」という偉大な国王が、フランス、ドイツ、イタリアにまたがる大帝国を築きあげていた。

　この偉大な業績は、その後の物語作家にとって格好の題材となり、『シャルルマーニュ伝説』と呼ばれる物語群がいくつも生み出された。そのなかではシャルルマーニュとその部下の偉大な騎士たちが、それぞれに神の祝福を受けた伝説的な武器を振るって大活躍している。

　「マルテ」は、『シャルルマーニュ伝説』のなかでもっとも有名な物語『ローランの歌』に登場する槍だ。マルテではなく「アルテ」と表記する訳者もいる。『ローランの歌』の物語中で、この槍の名前は一度しか登場しない。

　この槍は、シャルルマーニュや部下の武器ではなく、彼らに敵対したイスラム教徒の総指揮官、バリガン総督が使っていたものだ。数多くの聖なる武器を持つシャルルマーニュ陣営のものとは違う「悪役」の武器である。

　マルテには聖なる力や特殊な能力こそ備わっていないものの、個性的な特徴が与えられている。それはとてつもない大きさと重さだ。物語によれば、マルテの柄は「棍棒のように太い」という。そしてその穂先も太い柄にあわせて非常に大きく重かったようで、「柄をはずした穂先だけを運ぶのに、ロバ1頭が必要」であったという。ロバ1頭が運べる荷物の重さを断定するのは難しいだろうが、一般の兵士では持ち運ぶことすらままならない、という点から予想するに、少なくとも100kgを下回ることはないだろう。一般的な騎士の槍が重さ3〜4kg程度であることを考えれば、いかにマルテが重い槍であったかがわかるはずだ。この重すぎる槍を自在にあやつるバリガン総督が優れた騎士であったことは、もはや説明するまでもないだろう。

誤解されていたイスラム教徒

　『ローランの歌』は、カトリック教会諸国が、聖地エルサレムをイスラム教諸国から奪還するべく行われた「十字軍遠征」が盛んに行われていた12世紀ごろに、キリスト教徒の目線で書かれた作品だ。そのためシャルルマーニュたちキリスト教徒は神に祝福された正義であり、バリガンたちイスラム教徒は絶対的な悪である。ここで紹介したマルテも同様の扱いで、『ローランの歌』の日本語訳が掲載されている《筑摩文学大系10》には、マルテに「妖槍なり、悪槍なり」という注釈がつけられている。

　また、作中のイスラム教徒の描写は間違いだらけであり、例えば神像を持っている（イスラム教徒は偶像崇拝を禁止されている）、ギリシャ神話の神アポロンを信仰している（一神教のイスラム教徒は異教の神を信仰できない）など、挙げればきりがないほどだ。作者も含めた当時のキリスト教圏内の人々にとって、イスラム教がどれだけ正体不明の存在だったかを如実に示す一例といえる。

ロバが運べない重さの槍も、それを扱うバリガンさんもすごいけど、一番すごいのは、その槍とバリガンさんを乗せて幅15ｍの堀をひとっ飛びしたっていう、バリガンさんの愛馬だと思いまーっす!!

illustrated by 斎創

ローマをやさしく見守る大樹
ロムルスの槍
Javelin of Romulus
ロムルス ノ ヤリ

おもな使用者	ローマ建国王ロムルス	武器タイプ	投げ槍	活躍した時代	紀元前8世紀
出典	英雄解説書『プルターク英雄伝』（著：プルタルコス　2世紀ギリシャ）他				

"大樹"となった投げ槍

　槍という武器は、木製の長い棒に、硬く鋭い金属製の穂先を取りつけて作られるのが一般的だ。特に槍の柄は、武器としての強度を大きく左右する重要な部品であり、その材料となる木材を念入りに乾燥、硬化させて使うため、当たり前のことながら、植物としてはすでに枯死しているはずである。だがイタリアには、ただの槍が"生きた巨木"に変化したという「ロムルスの槍」の伝説が残されている。

　この槍は、のちにヨーロッパを征服することになる巨大帝国「ローマ帝国」が、イタリア半島の１都市として生まれた時期の神話に登場する武器だ。ローマやギリシャの英雄の伝説を解説した本『プルターク英雄伝』によれば、この槍は山茱萸（ヤマグミとも呼ばれる）の枝でできた槍と書かれているが、それ以外の具体的な記述は特になく、また英雄の武器によくある、神秘的な攻撃能力や機能もなかったようだ。

　この槍の持ち主は、ローマという国をつくった建国の英雄、ロムルスだ。彼は自分たちが暮らす土地を探して、自分を王と認めた貴族や兵士たちとともにイタリア半島をさまよい、都市を建設するのに適した「パラティウムの丘」を発見した。このときロムルスは、パラティウムの丘めがけて山茱萸の槍を投げ、その刺さった場所に"ローマ"という都市を建設する」と宣言したという。つまりこのロムルスの槍は、ローマ建国を宣言し、その存在を知らしめた、いわば国産みの槍であるのだ。

　この槍による不思議な現象は、しばらくあとに起こった。ロムルスが投げて、地面に刺さった槍が誰にも引き抜けなかったため、仕方なく放置しておいたところ、なんと槍の柄になっていた山茱萸の枝が地面に根づき、やがて大樹に成長したというのだ。

　この大樹は「ローマでもっとも神聖なもの」とされ、木を傷つけないよう周囲に壁を立てるなど、過保護なほど大切に育てられた。だが、この木の近くで建築工事を行ったとき、根についてしまった小さな傷がもとになって衰弱し、最後には枯れてしまったという。

ロムルスとは何者か

　ローマ建国の英雄ロムルスは、双子の兄であり、弟の名前はレムスという。

　伝説によれば、ロムルスとレムスは戦神マルスの息子として人間の娘から生まれた半神半人の英雄だったが、母親が権力争いに巻き込まれたせいで川に捨てられてしまい、羊飼いの夫婦に見つけ拾われるまでのあいだ、父マルスが送ったメス狼の乳を飲んで育ったのだという。

　また、ロムルスは非常に強力な戦士であり、ローマを侵略する敵国に対して、先頭に立って迎撃にあたった。ある戦いでは、１万4000人という敵軍の死者のうち、その半分をロムルスが倒したという。ロムルスは、伝説の武器なしでも人外の強さを誇る英雄であったのだ。

ロムルスさんは人生の最期に神になって旅立ったそうですが、それを部下の貴族に伝えるとき、炎の剣を持っていたと聞きました。つまり槍のほうは置いていったのですよね、枯れる前にもらっておけばよかったですわ。

illustrated by 那流

フライクーゲル

悪魔の悪意は何を撃ち抜く？

Freikugel

欧文表記	Freikugel
武器タイプ	弾丸
出典	ドイツ民話

おもな使用者	魔弾の射手（フライシュッツ）、狩人マックスと狩人カスパル、狩人ヴィルヘルム等
活躍した時代	14〜19世紀

悪魔に祝福された鉛弾

　ヨーロッパの神話伝承に登場する武器の多くは、剣や槍、弓矢や棍棒などであり、火縄銃のような近代的な武器が特別な力を持っていることはめったにない。なぜならヨーロッパでは、火縄銃が戦争で使える有効な武器だと認知されたのは14世紀ごろからであり、ほとんどの神話伝承はそれよりはるかに古い時代に生まれているからだ。

　ここで紹介する"フライクーゲル（魔弾）"はその数少ない例で、ヨーロッパの鉄砲先進国だったドイツで生まれた伝承に登場する、魔法的な力を持つ銃弾である。

　フライクーゲルが登場する物語では、狩人が悪魔と契約して、望んだものにかならず当たる魔弾、あるいは望んだものにかならず当てる腕前を授かる。この弾丸または腕前を持つ者を魔弾の射手（フライシュッツ、直訳すると"自在の射手"）という。

　だが、魔弾の射手たちが平穏な結末を迎えることはできない。ある物語では、7発の弾丸のうち6発までは狩人の望んだものに当たるが、1発は悪魔自身の望んだものに当たる。狩人は悪魔の望みにより、最愛の者を射ち殺してしまい、みずから命を断つことになるのだ。

　またある民話では、自在の腕前を備えた狩人が老いて死ぬとき、悪魔がやってきて地獄へ連れてゆく。村人は死んだ狩人の首が真後を向いているのを見て「ああ、これは悪魔にとりつかれた者のしるしだ」と言いあうのだ。

19世紀にあらわれた"魔弾"物語

　時は下って19世紀のドイツでは、合理性よりも感性を重視するロマン派と呼ばれる文化人たちが、民話伝説を題材にした文学を数多く生み出した。そのひとりアペルが、フライシュッツの民話を参考に作りあげた悲劇を、作曲家ウェーバーらが大幅改変して仕上げたのが、世界的に有名なオペラ『魔弾の射手』である。

　主人公である狩人マックスは、恋人アガーテとの結婚を前にしていたが、アガーテの父に「明日の射撃大会でよい成績を収めねば結婚を認めない」と言われる。マックスは優秀な射手だが、今はスランプのまっただなかだった。そこにやって来たのが、アガーテに横恋慕している狩人カスパルだ。彼はマックスを説き伏せ、ふたりで悪魔の力を借りて魔弾を鋳造する。しかもカスパルはよい弾ばかり3発を取り、マックスにはよい弾3発と、悪魔の望んだものに当たる弾1発を渡したのである。

　大会の日、恋人アガーテは森の隠者に編んでもらった白バラの冠をかぶってあらわれた。マックスは3発の魔弾を撃ってすばらしい成績をあげ、最後に残った「悪魔の1発」で鳩を撃つ。銃声がとどろくと、不穏な空気を感じて飛び出してきたアガーテと、樹の上で様子を見ていたカスパルが折り重なるように倒れた。だがアガーテに怪我はなく、悪魔の弾丸はカスパルだけを貫いていたのだ。隠者の白バラの冠がアガーテを守ったのか、それとも悪魔がカスパルの命を望んだのかはわからないまま物語は終わる。

　別の「魔弾」の物語やと、魔弾のせいで恋人を射殺してしまった狩人が、贖罪のために誓った「生涯独身」を破ったせいか、奇妙な経緯で死んでまうんや。なんにせよ、魔弾に関わるとろくな人生を送れんのは確かですわ。

illustrated by けいじぇい

六枚羽根の黄金色の槌矛

触れるだけでも首が飛ぶ

ロクマイバネ ノ キンイロ ノ ツチホコ

おもな使用者	英雄クラリェヴィチ・マルコ	武器タイプ	槌	活躍した時代	不明
出典	セルビアの民間伝承				

悪人が恐れる無双の槌矛

　六枚羽根の黄金色の槌矛は、イタリアから海をはさんですぐ東にある地域「セルビア」の伝説の英雄、クラリェヴィチ・マルコ……通称「クラリ・マルコ」が伝説のなかで使っている武器で、打撃部分が金属で作られている棍棒の一種"メイス"（➡ p156）である。

　この武器は、マルコの活躍を描いた民間伝承に登場するのだが、「六枚羽根の黄金色の槌矛」という名前以外の明確な特徴が書かれていない。だが、当時のヨーロッパでは、メイスの先端、敵を殴りつける部分に、板状の突起「フランジ」を6～8枚取りつけるのが一般的であった。この加工を施すと、同じ大きさの鉄球を取りつけた場合よりも軽量化され、衝撃を一点に集中させることができる。そのためメイスがより扱いやすくなり、威力も増すのだ。このような史実のメイスが持つ特徴から想像するに、マルコの槌矛は、黄金色に装飾された、6枚のフランジがついているメイスであった、と考えられる。

　物語中でマルコの槌矛がその威力を発揮する場面は少ないのだが、登場人物たちは皆この槌矛のことを恐れていたため、特にマルコが悪人をおどして従わせようとするときに重宝していた。また、武器として振るわれた場合は、相手に軽く触れただけで首が胴体から離れるという、すさまじい威力を見せている。

　この槌矛は、振って殴るだけではなく投げつけての攻撃にも用いられており、マルコはこの槌矛を投げて、空を飛んで逃げる妖精を撃墜したという伝承も残されている。

　この槌矛は、マルコの死にも深く関わっている。伝承によれば300年も生きたというマルコであったが、自分の死を悟ると「わが槌矛が海面に浮かび上がるとき、我のごとき勇士、ふたたび世に生まれよ」と言って、六枚羽根の黄金色の槌矛を海へと放り投げたのである。この後マルコは山で亡くなり、遺体を見つけた僧侶によって埋葬されたと伝えられている。

実在したクラリェヴィチ・マルコ王子

　物語の主人公であるクラリェヴィチ・マルコには常人離れした特徴が多いが、意外にも彼は実在した人物である。彼は、現在のセルビアの南西にある国「マケドニア」の都市プリレプに小さな国を作ったセルビア人王家の王子であり、2代目の国王にも即位している。マルコは、周辺国の王のなかでも優れた武人であり、対岸のトルコから攻め込んできたイスラム教徒の軍勢との戦いで縦横無尽の大活躍をしたのだが、戦いに敗れて命を落としたという。

　先述したクラリェヴィチ・マルコと、六枚羽根の黄金色の槌矛の伝説は、異教徒に立ち向かって勇敢に散ったマルコをモデルに、後世の人々によってさまざまな逸話がつけ加えられたものだと考えられている。結果として、マルコは「セルビア人で知らない者はいない」と言われるほど有名な英雄になったのだ。

この槌矛はマルコさんの自慢の武器で、この槌矛と愛馬の"シャラツ"がいればどんなピンチも乗り越えられると思ってたみたいだね。確かに触れたら首が飛ぶ槌矛とか、どう戦えばいいかわかんないよ。

雷神の武器は"斧"か、それとも……
ペルーンの斧
ペルーン ノ オノ

おもな使用者	雷神ペルーン	武器タイプ	斧	活躍した時代	神話
出　　典	スラブ民族の神話				

スラブ最強の神が持つ謎多き武器

　自然現象を、神や妖怪などの異能の存在が引き起こしているとする考え方は世界中にある。なかでも手の届かない天空から地上に向けて放たれる稲妻は、しばしば神の怒りの具現化とされ、信仰の対象になることが多かった。雷神ペルーンの斧は、稲妻を引き起こすという、絶対的な神の力を象徴する武器である。

　斧の持ち主である雷神ペルーンは、現在の東ヨーロッパからロシアにかけての地域に住んでいた"スラブ民族"がおもに口承で伝えていた神話「スラブ神話」に登場する神である。しかし、スラブ民族は文字を持っていなかったため、スラブ民話は9世紀ごろにはすでに廃れかけていた。9世紀から12世紀ごろまでに行われた、キリスト教改宗弾圧のなかで、キリスト教側から見た断片的な内容の記述が残されているのみで、現代にはわずかな資料しか残されていない。そのため、斧についての情報も非常に少ない。

　ロシア民話の研究書《ロシアフォークロアの世界》のなかで、この分野の第一人者である栗原成郎教授が、ペルーン信仰とその神話の基本形を紹介している。そこで解説されている内容によれば、ペルーンの妻を略奪した竜神ヴェレスが、ペルーンの追撃を振り切るために、岩の下や木に隠れたことがあった。その時にペルーンは、斧を振り下ろして木を燃やし、岩を砕いて竜神を追い詰めたという。

　これと同じ形の物語が《スラブの文化 講座スラブの世界》という本の第1巻でも紹介されているが、この本によれば、ペルーンが木を燃やしたり岩を砕くシーンは「稲妻を落とす」という描写に変わっている。だが斧の力で稲妻を落としたのか、ペルーン本人の能力なのかは不明瞭だ。

ペルーンの斧を模したアクセサリーは、スラブ民族のなかで、お守りとして古くから愛用されていた。写真は1930年に発掘された、10～12世紀ごろの「ペルーンの斧」を復元したもの。

キリスト教により失われた古の神

　スラブ民族の神話はほとんど残っていないため、現在では、神話の内容はもちろんのこと、ペルーンがどのような力を持つ神だったのかすら、正確に説明することは難しい状態となっている。

　そもそもペルーンの斧自体も、斧と名前がつけられていながら、本当に斧なのかどうかさえ疑わしい、というから驚きだ。《スラブの文化 講座スラブの世界第1巻》には、ペルーンがもともと扱っていた武器は石と矢であったが、のちに斧とハンマーに変化したのではないか、という説が提示されている。近年の研究によれば、スラブ神話はただひとつの物語ではなく、地方によってさまざまなバリエーションが存在したことが明らかになっている。つまりペルーンの斧は、ミョルニル（→p12）のような形をしたハンマーであった可能性もあるのだ。

> その他ヨーロッパの神話伝承

実はスラヴ人の神様のなかで、ペルーンさんの情報はこれでもまだ「たくさん残っているほう」で、ほかの神様の大半は名前すらわからないそうです。私たち、筆まめなギリシャ人やインド人に信仰されてラッキーでした。

雷神の武器はなぜ"斧"か？

うーん、いろんな神話に雷神様っているけど、なんで雷神様ってどこの神話でも「斧」だとか「ハンマー」みたいな、ヘビー級の武器を持ってることが多いのかな？ ペルーン様は斧だし、うちのトール様は金槌だし。

そういえば、ゼウスお爺様が持っている、雷を生み出す「雷霆（らいてい）」という武器も、斧の形で描かれることがあると聞きました。
なんでなのかしら？ お爺様に直接聞いてみましょう！

雷神の武器は"斧"である

78ページで紹介した雷神ペルーン以外にも、世界の神話には多くの雷神が存在する。雷の破壊的なイメージからか、雷神は武器を持っていることが多いのだが、ほかの武器を持つ神々と比べると、雷神は「斧」を持っている割合が高い。日本人になじみの深いところでは、童話の主人公「金太郎」は雷神の子供であり、木材伐採用の斧である「鉞」をかついだ姿で描かれる。

また、フィンランドの雷神ウッコが持つ「ウコンバサラ」のように石の槌を持つ雷神もいるが、ウッコについての古い伝承では槌ではなく「石製の斧」である。

斧を武器とする雷神の例

ペルーン（スラヴ）：78ページ、斧を持つ雷神

ウッコ（フィンランド）：槌ウコンバサラまたは石斧を持つ

ゼウス（ギリシャ）：ゼウスの雷霆は斧の形で描かれることがある

シャンゴ（ナイジェリア）：両刃の斧オシェを持つ

チャク（アステカ）：輝く石斧を持つ

金太郎（日本）：雷神の子とされ、斧を持つ

世界の雷神が斧を持つわけ

世界中どの地域でも雷神が"斧を持つ"理由は、民俗学用語で「雷斧（らいふ）」と呼ばれる物品から知ることができる。この雷斧とは、落雷によって木が裂けたり燃えたりした場所の近くから、石器時代の遺物である石斧や握斧（あくふ）が発見されたとき、これを「雷神が投げた斧」だと考えて信仰の対象にしたものである。

人類が斧で木を伐採していた時代、木を切り倒すのはとてつもなく時間と手間のかかる作業だった。一瞬で大木を裂いてしまう雷の威力に、人々は神の斧を振り下ろす雷神の姿を見たのだろう。

手で握って使用する「握斧」のひとつ。雷が落ちると、同時に降り注ぐ雨で土壌が流され、地面に埋まっていたこれらの遺物が地表にあらわれる。それを人間が「雷神の斧」だと解釈したのが「雷斧」である。

なるほどなー。つまり、雷が落ちる→大雨が降る→埋まってたものが出てくる→「これが雷の正体に違いない！」、っていう寸法なわけや。

うむ、そのとおり。どうじゃこの雷斧、ワシにふさわしい荒々しく力強い形であろう。このように神の雷は武器の形で表現されることが多いのじゃ。102ページにあるインドの雷神インドラ殿のヴァジュラもその一例じゃな。

中近東・アフリカ アメリカ・太平洋

この章では、
西洋文明の源流となった中近東の神話に登場する武器を中心に、
アフリカ、南北アメリカ大陸、太平洋地域など、
アジア以外の地域の神話や伝説に登場する武器を紹介します。
特に中近東の神話などは、
今から5000年以上昔に作られたものもあります。
この時代の人類には「金属で武器を作る」という発想がなかったため、
美しく装飾された「棍棒」を武器にする神が多いのが特徴と言えます。
同様に金属製錬技術を持たなかった中米や太平洋でも、
非金属製の武器が神話や伝説に数多く登場します。

ヤグルシ＆アイムール

仇なす神を"駆逐"し"追放"する

Yagrush & Aymur

欧文表記	Yagrush & Aymur	おもな使用者	雷と豊穣の神バアル
武器タイプ	棍棒	活躍した時代	神話
出典	ウガリット神話		

中近東・アフリカ・アメリカ・太平洋

自動で戦う神の棍棒

　今から約3500年ほど前、地中海に面した西アジアの国シリアには、かつて"ウガリット"と呼ばれる古代都市が存在しており、そこに住む人々は独自の神話を持っていた。その内容は、生まれた場所が近いからか、旧約聖書とも近似するものもある。そしてヤグルシとアイムールは、ウガリット神話に登場する雷と豊穣の神「バアル」の武器である。バアルは、ウガリットやその周辺地域で広く信仰される高位の神であった。

　武器の名前のヤグルシは「駆逐する者」、アイムールは「追放する者」という意味がある。この2本の棍棒は、ウガリット神話の鍛冶神コシャル・ハシスが製作したものだ。どちらの棍棒にも、持ち主の手を離れて自動で敵を攻撃する機能が備わっており、持ち主の敵を文字どおり確実に「駆逐」し「追放」するのだ。

　この棍棒は、神々の王という地位を利用して重税を課すなど、暴虐の限りを尽くしていた神"ヤム"を倒すために作られたものだ。

　神話では、バアルは理不尽な要求をしてきたヤムに怒り、鍛冶神コシャル・ハシスにヤムを倒せる武器の製作を依頼。そして完成したヤグルシとアイムールを受け取り、ヤムとの戦いに臨んだのだ。まずはヤグルシがバアルの手を離れ、ヤムの胸を打ったが、ヤムは倒れなかった。今度はアイムールがバアルの手から離れ、ヤムの額に打撃を与えたところで、ようやくヤムは倒れたのだという。

　竜神ヤムを倒したバアルは、その後の物語において幾度となく別の神と戦っている。だが不思議なことに、それらの物語では、バアルはヤグルシとアイムールを使っておらず、以降の神話にもまったく登場しなくなる。

なぜ名前が付いているのか

　中東地方の神話に登場する武器は、固有の名前を持つことが非常に少ない。ウガリットの文化にくわしい学者「ジョン・グレイ」が、著書《オリエント神話》に書いたところによれば、バアルの棍棒が中東神話としては非常に珍しく、わざわざ「ヤグルシ」と「アイムール」という固有の名前がつけられていることには、神話の体系に関する重要な意味が込められているのだという。

　2本の棍棒を作った鍛冶神コシャル・ハシスは呪術の名人でもあり、作ったものに名前と目的を与えることで、製作物をより効果的に使えるようにできたという。つまりコシャル・ハシスは、棍棒にヤグルシとアイムールという名前を与えることで、使い手であるバアルの敵を、王座から"駆逐"し"追放"しようとした、というわけだ。

　ちなみにジョン・グレイは《オリエント神話》で、ヤグルシとアイムールは棍棒ではなく「電光」であると書いている。このエピソードは、ギリシャ神話の雷神ゼウスが雷を武器として使い、それを娘の女神アテナに貸し与えている物語と関係があると見てよいだろう。

メソポタミアの神話は「粘土板」ちゅう古い資料に刻まれとるから、物語は複数の資料からつぎはぎして再現されとる。「ヤグルシ」と「アイムール」という名前も、いろんなの粘土板のひとつから発見されたものなんや。

illustrated by 根岸千秋

女神とともに産まれた武器
シタ＆ミトゥム
Cita & Mitum

欧文表記	Cita & Mitum	おもな使用者	戦女神イナンナ
武器タイプ	棍棒	活躍した時代	神話
出典	シュメール神話		

獅子と蛇の頭を持つ棍棒

「シュメール神話」とは、今から5000年以上前に、現在のイラク周辺の地域、チグリス川とユーフラテス川のあいだで栄えた「メソポタミア文明」の古代都市「シュメール」で書かれたものだ。この神話はメソポタミア地方の神話全体に大きく影響を与えたばかりでなく、バビロニアやヒッタイト、旧約聖書など、数多くの神話や物語にも影響を与えたと考えられている。

そのシュメール神話のなかでも、特に重要な役割を果たす女神「イナンナ」は、武器と非常に縁の深い女神だ。なぜならイナンナは、母の胎内にいる時から、2本の武器「シタ」と「ミトゥム」を手にしていた、といわれてるのだ。

シュメール神話の物語は、遺跡から発掘された粘土板によって明らかになった。各国の考古学者が粘土板に書かれた文章を解読し、英語に翻訳した文書によれば、シタとミトゥムは、それぞれ"cita mace""mitum mace"と表記されている。メイスとは、金属や石で作られた戦闘用の棍棒である。ミトゥムは"nir stone"でつくられたという記述もあるので、両者のうち少なくともミトゥムは、石製のメイスであったと考えられる。

シタとミトゥムの外見や特徴については、それぞれさらに細かい記述もある。

シタは"7つの頭"を持つメイスで、木の枝のように曲がる柔軟性をそなえている。また"shining cita mace"という記述もあることから、何らかの理由で光り輝く武器であったことが想像できる。

ミトゥムは"heavenly lion-headed mitum mace"、つまり「頭部に天のライオンをかたどったメイス」である。また、振るえば荒れ狂う嵐のような唸り声をあげる、という記述もあるのだが、この「唸り声」がミトゥムそのものから発せられる声なのか、ミトゥムを振るときの風切り音の比喩表現に過ぎないのかは、残念ながら資料では明確にされていない。

人間も使える「神の武器」

イラクという国名の由来と考えられている古代都市「ウルク」の守護神でもあった女神イナンナは、太陽系の惑星「金星」を象徴するとともに、戦いの女神でもある。「輝くシタという武器で無数の敵を殺してしまう」というイナンナは、シタとミトゥムを振り回し、目の前にいる敵対者を皆殺しにするなど、神話の物語で大暴れしている。その武勇と実力は、「戦いでは誰ひとりとして刃向かえぬ主」と表現されるほどであったようだ。

そのイナンナがライバルである冥界の女神エレシュキガルに敗れる『イナンナの冥界下り』という神話では、冥界に乗り込むために武装したイナンナが、冥界の門の番人たちに衣服と持ち物と装飾品をはぎとられて死に至る場面が描かれる。だがこの神話ではイナンナが武器を奪われた描写がなく、シタとミトゥムの行方は不明なままだ。

中東の神話には、人間がイナンナ様の「シタとミトゥム」を借りて使うお話が複数残っているのだそうです。生まれたときから持っていた体の一部を貸してしまうなんて、イナンナ様は気前がよろしいんですね。

ロンギヌスの槍

聖なる槍に皆"釘付け"！

Lance of Longinus
ロンギヌス ノ ヤリ

欧文表記	Lance of Longinus	おもな使用者	衛兵ロンギヌス
武器タイプ	槍	活躍した時代	1世紀〜現在？
出典	聖書外典『ピラト行伝』		

中近東・アフリカ・アメリカ・太平洋

預言者を刺した槍

　いわゆる「伝説の武器」と呼ばれるものの多くは、特殊な外見や能力など、普通の武器とは明らかに違う特性を持っているか、あるいは伝説の英雄や神話の神々に用いられているなどの、何らかの由来や出自を持っている物が大多数である。ところがこの「ロンギヌスの槍」は、もともとは何の変哲もない無名の槍にすぎなかった。だがこの槍は、たったひと刺しで世界に唯一無二の存在となり、多くの人間から崇拝の対象となったのである。なぜならこの槍は、キリスト教の救世主「イエス・キリスト」の死に立ち会い、その身体を刺し貫いたことでイエス・キリストの神聖性を証明したという、キリスト教徒にとってもっとも神聖な槍だからだ。

　キリスト教では、この槍を正式には「聖槍」と呼んでいる。だが一般的には、死せるイエスを刺した盲目の兵士「ロンギヌス」の名前を取って、ロンギヌスの槍と呼ばれることも多い。ただし、イエスの言行録である福音書にはロンギヌスの名は記されておらず、後世に書かれた外典（正式な聖書には採用されなかった宗教文書）のひとつ『ピラト行伝』にその名が残されているのみであり、ロンギヌスという人物が実在したかは定かではない。

イエスの死から聖なる槍が生まれるまで

　そもそも、イエスの脇腹に槍が刺されることになったのはなぜか？　まずはその経緯を確認しておこう。

　現在のイスラエルにある"エルサレム"という街は、今から約2000年前、ユダヤ教を信仰するユダヤ人を、ヨーロッパの大帝国であるローマ帝国が支配している街だった。イエスはこのエルサレムで、当時のユダヤ教のあり方を批判し、その教えを変化させた新しい神の教えを説いて回る、ユダヤ教の有力者にとって非常に目障りな存在だった。そのためユダヤ教の有力者たちは、ローマ帝国から派遣された役人に圧力をかけて、イエスを逮捕し死刑にするよう仕向けたのだ。ちなみにこのときの罪状は「ユダヤ人の王であると名乗り、神の子を詐称した」という内容であった。

　そして裁判の結果、もくろみどおりに死刑判決を下されたイエスは、十字架に磔にされるという刑を受けることとなる。これはあまりに残忍な処刑方法であるため、ローマ帝国では反逆者のみが受ける、もっとも重い刑罰であった。

　処刑場であるゴルゴダの丘で、イエスは十字架に磔にされた。この刑は罪人を即死させず、両手首と両足首を釘で打ちつけることで、長い時間をかけて苦しませ、最終的に体を支えられなくなり呼吸困難で死ぬ、という仕組みであり、イエスはさまざまな奇蹟を起こしながらも、最終的には絶命した。しばらくして、盲目の衛兵ロンギヌス（ロンギノとも）が、法律のとおりにイエスの左脇腹を槍で刺した。これは罪人の死を確認するためで、罪人が死んでいるなら、傷口からは血が流れないとされていた。ところがロンギヌスが槍を刺すと、イエスは確かに死んでいるにもかかわらず、傷口から血と水が流れ出たのだ。

　そして、イエスの血が槍をつたってロンギヌスの目に入ると、盲目だったはずのロンギヌスに視力が戻った。以降ロンギヌスはイエスの信者となり、後世になると「聖ロンギヌス」と呼ばれるようになった。そしてロンギヌスがイエスを突き刺した槍は「聖槍」となり、キリスト教徒の信仰対象となったのである。

イタリアの画家フラ・アンジェリコによる、イエスの脇腹に槍を刺すロンギヌス。

かの独裁者も欲しがった伝説の武器

　キリスト教では、聖人の遺体の一部や、聖人にまつわる物品を「聖遺物」と呼び、非常に貴重かつ神聖なものと考えている。なかでもイエス・キリストに関係する聖遺物は特に強い力を持っており、持つ者を守り、さまざまな力を与えるのだという。

　キリスト教の教会のいくつかには、「実物の聖槍」と称する槍が伝わっている。もちろんロンギヌスがイエスを刺した槍が複数あるわけがないので、そのほとんどは偽物なのだが、これらの「聖槍」は今なお多くの人々の心を惹きつけてやまない。

　イエスの血液に触れた聖遺物であるロンギヌスの槍は、聖遺物のなかでももっとも強い力を持っていると考えられている。一部の伝承によれば、この槍を手に入れた者は大きな権力を手に入れ、世界を支配できる、というのだ。

　この伝承と聖槍に注目した人物としてもっとも有名なのが、第二次世界大戦でドイツを率いて戦ったナチス総統、アドルフ・ヒトラーだ。彼は第二次世界大戦が起こる1年前に、ドイツの南東にある国オーストリアを併合すると、その首都ウィーンにあった「聖槍」を手に入れ、当時のナチス大本営のあったニューンベルグへ持ち帰った。そして「聖槍の騎士団」という組織を編成し、聖槍を守らせたという。この行動は非常に注目されており、ナチスの行軍をオカルトの視点から検証して、ヒトラーはロンギヌスの槍の霊力に導かれていた、という説までも存在している。

左がアルメニア、右がオーストリアの首都ウィーンにある、それぞれが「聖槍」を自称する槍。

アーサー王伝説と聖槍

　イギリス発祥の英雄物語『アーサー王伝説』では、一部の物語で、ロンギヌスの槍が物語の展開の鍵をにぎる宝物として登場する。ただしアーサー王伝説に登場するロンギヌスの槍は、持ち主に権力を約束するものではなく、おおいなる災厄を引き起こすものだった。

　『アーサー王伝説』では、イエスがロンギヌスの槍に刺されたとき、その血を杯で受けた聖人「アリマタヤのヨセフ」の子孫ペラム王が、この槍を所持している。

　復讐のためにペラム王の宮殿に乗り込んできた騎士ベイリンを撃退するため、ペラム王はベイリンの剣を折るなどして圧倒するが、ベイリンはロンギヌスの槍が保管されている部屋に迷い込み、追ってきたペラム王をロンギヌスの槍で突いた。この聖なる槍による一撃は、おおいなる呪いとなって3つの国を滅ぼし、ペラム王に治癒しない傷を与えた。この出来事から、ペラム王は「不具の王」とも呼ばれている。そして数十年ものあいだ激しい苦痛に悩まされ、統治していた王国も荒廃の一途を辿るのだが、聖杯を手に入れた騎士が神から受けた神託のひとつに「不具の王の身体に、聖杯の槍（ロンギヌスの槍）から滴った血を塗りつけよ」というものがあった。聖杯を手に入れた騎士たちによって、ペラム王はようやく、ロンギヌスの槍の呪いから解放されたのである。

キリスト教カトリック教会の総本山、バチカンにあるロンギヌスの像。この下に、バチカンが「本物」だと主張する聖槍が安置されている。

ロンギヌスの槍だけじゃなくて、イエス様の体を十字架に打ち付けていた「聖釘」も、信仰の対象になってたんだ。でもこの聖釘、世界中に合計で30本もあるんだって。そんなに打ち込んだらすぐ死んじゃうって気がするよ〜！

悪の暴君を殺さず倒す
牛頭の槌矛
ウシアタマ ノ ツチホコ

おもな使用者	英雄ファリードゥーン	武器タイプ	槌	活躍した時代	不明
出典	ゾロアスター教の物語集『王書』（著：フェルドウスィー　10世紀ペルシア）				

悪の王を倒した武器

　中東とインドに挟まれた「ペルシア地方」。現在はイランという国があるこの地には、中東のアラブ文化とも、インド文化とも違う独自の文化があった。このペルシャ地方の神話や伝説をまとめた本『王書』には、牛頭の槌矛という武器が登場する。

　牛頭の槌矛は、『王書』に登場する英雄のひとりである"ファリードゥーン"が使用する武器だ。日本語の資料では「槌矛」や「矛」などと書かれることが多いが、英語の資料では一貫して"mace(槌矛)"と書かれている。本ページでは英文資料にならい、ファリードゥーンの武器は槌矛（メイス）である、として紹介していく。

　この武器は「牛頭の」という名前のとおり、敵を殴りつける柄頭の部分が牛の頭の形になっている槌矛だ。非常に重く、外見は「大空で太陽のように輝く」と称賛される。

　このメイスは、持ち主となるファリードゥーンが、ペルシャを支配していた残忍な王「ザッハーク」を倒すために、ファリードゥーン自身が設計図を書き、柄頭の部分は幼少のころにその乳を飲んで育った、美しい雌牛ビルマーヤの頭を模して、特別に作らせたものだ。なぜわざわざ牛の頭の形に作らせたのかは不明だが、『王書』の物語の基礎になっている宗教"ゾロアスター教"では、インドやネパールで現在でも広く信仰されている「ヒンドゥー教」と同じように、牛を神聖な動物と考えていることと関係があるかもしれない。

　ちなみに『王書』の翻訳者のひとりである、イギリスの作家ヘレン・ツィンメルンは、槌矛の頭部が牛の形をしている理由は、ファリードゥーンが、幼い自分に乳を与えて育ててくれた、ザッハークに殺されてしまった雌牛ビルマーヤをしのんでこの形状にしたからだ、と書いているのだが、この記述はほかの訳者の翻訳には見られない。

悪魔にそそのかされた暴君ザッハーク

　物語の敵役である暴君ザッハークは、悪魔によって両肩から蛇を生やされた人間で、この蛇を生かすために民衆を毎日２人殺して、蛇に脳味噌を食べさせていた。ところがある日、自分が牛頭の槌矛を持った青年に倒されるという予知夢を見たザッハークは、運命を変えるため子供狩りをはじめる。ファリードゥーンの母親は、赤子を抱いて逃亡し、山の中で暮らすことになった。

　ビルマーヤ（あるいはPurmaieh）という美しい雌牛の乳で育ったファリードゥーンは、牛頭の槌矛を作らせてザッハークの宮殿に乗り込み、ザッハークの手下や魔法使い、悪魔などをこの槌矛でかたっぱしから殴り殺した。そして外出から戻ってきたザッハークに対しても、兜に槌矛を振り下ろして昏倒させたが、そこに天使があらわれ「まだ時期ではないから、殺してはいけない」と警告する。仕方なくファリードゥーンは、ザッハークを山の頂上に幽閉して、ペルシャに平和を取り戻したのである。

ザッハークさんが封印されている「ダマーヴァンド山に」には温泉が湧いているそうですわ、早速入りに行きましょう……えっ、この温泉のお湯って「ザッハークさんのおしっこ」なんですか!?　早く言ってくださーい！

ご主人様のためならどこまでも
クマグドラックの魔の矢
クマグドラック ノ マノヤ

おもな使用者	魔術師クマグドラック	武器タイプ	矢	活躍した時代	不明
出典	イヌイット民話『魔の矢』				

意思を持つ魔法の矢

　アメリカ大陸の最北端、極寒の世界に住んでいる先住民族である、エスキモー系諸民族のひとつ「イヌイット」の伝承に登場する「クマグドラックの魔の矢」は、その物語に登場する魔法の矢だ。

　この矢には、製作者である魔法使いクマグドラックの手によって、数多くの魔法がかけられている。そのなかでももっとも驚くべきものは、この「魔の矢」には１本１本に意志があるということだ。クマグドラックが自分の手で矢を作り、鳥の羽をはめこんでから息をふきかけると、魔法の力で矢に生命が宿るのだという。

　この矢の活躍を描いた『魔の矢』という物語によると、魔の矢は「主人のクマグドラックが病気であることを察知して、心配のあまりブルブルと震えていた」と描写されている。ただし、矢が言葉をしゃべったり、矢に顔などがあらわれるような描写は物語にはないため、あくまでも意思が備わっているだけで、生き物のように自由に動ける、というわけではなかったようだ。

　また、この矢は意思を持っているだけでなく、武器としても優秀な性能を持つ。クマグドラックがこの矢を放つと、放たれた魔の矢は、敵を倒すまでどこまでも飛んでいくという。その命中精度は、揺れる船の上に立っている敵の、弓の弦を切り飛ばせるほどのものであった。

クマグドラックと妻の共同作業

　イヌイットの伝承『魔の矢』は、手負いの魔法使いクマグドラックが、魔の矢の力を使って、彼を殺しにきた敵を撃退する様子を描いた物語だ。

　クマグドラックは非常に強い力を持つ魔法使いであったが、病気と足の負傷に悩まされ、長いあいだ床に臥せっていた。彼は海辺の自宅で療養し、妻に看病されていた。ところがそこに、クマグドラックの命を狙う宿敵たちが、傷と病気で弱ったクマグドラックの首を狙い、何隻もの船に乗って攻め込んできたのだ。

　敵の乗った船が海辺近くへ到着すると、そのなかで一番年を取った、おそらくリーダーであろう男が、船の上から
「クマグドラックよ、今日がお前の命日だ。天国と地獄のどちらへ行くつもりだ？」
と叫んだ。それを聞いたクマグドラッグは、
「その運命を辿るのは、わしではなくお前たちだよ」
と叫び返す。

　このように、おたがいに戦闘前の口上を述べると、クマグドラッグは家の入り口に立ったまま、妻が持ってきた弓と「魔の矢」を受け取り、それを敵の船に向けて発射した。魔の矢はまず、口上を述べた男の持つ弓の弦を切ってその身体に突き刺さった。その後もクマグドラッグは、側につく妻が差し出す矢を受け取っては矢継ぎ早に次々と射ち、魔の矢は次々と敵の命を奪っていく。生き残ったものは驚き恐れ、ほうほうの体で逃げ帰ったという。

兵隊をあらかた撃ち落としたあと、クマグドラッグはんは得意の魔法で暴風を呼び寄せて、船を沈没させたそうですわ……思うたんですけども、最初からそうすれば、矢をうたんでもよかったん違いますか？

シウコアトル

火の蛇あるいはトルコ石の蛇

Xiuhcoatl

欧文表記	Xiuhcoatl
武器タイプ	投槍器
出典	アステカの神話

おもな使用者	太陽神ウィツィロポチトリ
活躍した時代	第5の太陽の世界（＝現在の世界）

太陽神ウィツィロポチトリの意思持つ武器

中米のメキシコ周辺に伝わる「アステカ神話」に登場する、軍神にして太陽神ウィツィロポチトリ（「左のハチドリ」の意）は、シウコアトルという武器を持っている。「火の蛇」または「トルコ石の蛇」という意味の名前を持つこの武器は、ただの神の武器ではない。これは「シウテクトリ」という女神、あるいは魔女が、武器の形に変身したものだと信じられているのだ。

ウィツィロポチトリの石像や図像においてシウコアトルの姿は、口から火を吐く蛇、とぐろを巻いて球状になった蛇や、蛇型の刃物などの形で描かれる。機能としては火の玉を吐き出したり、斬撃武器として使うことができる。また、シウコアトルはしばしば、アステカでよく使われていた投げ槍の威力を増すための投槍器「アトルアトル」（→p172）の一種だと解釈される。

ウィツィロポチトリは、これを手に持っていることも、背中の飾りとして身につけていることもある。

シウコアトルの活躍は、持ち主であるウィツィロポチトリの誕生神話で描かれている。ある日、信心深いコアトリクェ（「蛇のスカートの女」の意）という未亡人が、山にお参りに行って掃除をしていると、羽毛でできた球が落ちてきた。それがあまりにも美しかったので、コアトリクェがこれを懐に収めると、霊験によってコアトリクェはたちまち妊娠した。だがコアトリクェの娘や息子は、母が不思議な力で妊娠したのではなく、亡き父を裏切って別の男と子供を作ったと考え、母を殺そうとしたのである。

コアトリクェの娘であるコヨルシャウキが大勢の手勢を連れて母を殺しに来ると、それと時を同じくしてコアトリクェは太陽神ウィツィロポチトリを出産した。生まれながらにして完全武装し、手にはシウコアトルを持っていたウィツィロポチトリは、まずコヨウルシャウキをシウコアトルで八つ裂きにし、さらに母を殺そうとする兄弟も全員シウコアトルで打ち殺したという。

太陽神ウィツィロポチトリを描いた宗教画。右手に持っている青い蛇がシウコアトルである。

現代に残されたシウコアトル

アステカにおいて、シウコアトルは建造物に普遍的にたどられるモチーフであり、非常に身近なものだった。あえて日本の文化で似たものをあげるなら、狛犬や鬼瓦が概当するだろう。

その知名度は現在でも高く、アステカ神話の伝承地を抱えるメキシコ共和国では、軍隊が制式採用した国産小銃にシウコアトルという名前をつけているほどだ。ちなみにこの銃の側面には、蛇の姿が浮き彫りになっている。

メキシコの国旗にはワシと蛇が描いてあるんだけど、これはウィツィロポチトリさんが、ある場所でサボテンの上に止まったワシが蛇を食べるのを見つけたからだよ。この場所が現在のメキシコの首都、メキシコシティなんだ。

星を撃つのは神様限定

虹の弓
ニジノユミ

おもな使用者	ヤオ族の神、酋長	武器タイプ	弓矢	活躍した時代	神話
出典	アフリカ南東部・ヤオ族の伝承				

星を射落とす魔法の弓

アフリカの東南部に住む部族「ヤオ族」には、神が使っていた弓矢の伝承が残されている。その弓は"虹"で、矢は稲妻で作られており、神はこれを使って夜空に輝く「星」を射落として食べていたという。

ヤオ族の伝承によると、はるか昔は、神は人間と同じ世界に住んでいたとされる。ある日とある神が虹の弓に稲妻の矢をつがえて夜空に向けて放つと、その矢に当たって4つの星が落ちてきた。神はそれを壺の中に入れて、よく煮込んでから食べていたのだが、そこにひとりの酋長が通りがかった。酋長は神の食べているものに興味を持って尋ねたところ、星を煮込んで食べていることと、それが肉のような香りのする、ハチミツのように甘いものであることを教えられた。

それを聞いた酋長は、星を食べてみたくてたまらなくなり、神の持っていた弓矢に目をつける。神は人間ごときが星を落とすなど不心得である、と忠告するのだが、酋長はそれをごまかして虹の弓を借り受けた。そして星を射よう

と矢をつがえ弓の弦を引っ張ったところ、とたんに弓から激しい雷光がひらめいて酋長に当たり、酋長は真っ黒に焼け焦げて死んでしまった。神は、
「このような不心得者と一緒の世界には住みたくない」
と言い、落ちていた虹の弓を拾い上げて姿をくらませた。その後も神の行方は知れなかったが、神が姿を隠したころから、空に虹がかかるようになった。人間たちはそれを見るたびに「あそこに神様の弓が架かっている」と、かつて自分たちと暮らしていた神の噂をしたという。

この物語から読み取れる「虹の弓」の力は、夜空の星を射落とせるほどの有効射程距離を持つ弓であることと、弓矢には雷の力が宿っており、不心得者、おそらく資格のない者が扱うとそれを制御できず暴発してしまう、という2点だ。ただし酋長は弓矢を借りるときに「星ではなく獣を射るのです」とごまかしており、かつ神もそれを聞いてから酋長に弓を貸し与えているところから、だいそれた目的に使わなければ人間でも使えるものだとも推測できる。

世界中の虹のあれこれ

虹の発生する仕組みを知らなかった時代の人間は、虹がとても不思議なものに見えていたらしく、世界中に虹と神が関係づけられた神話や伝説が存在する。例えばインドのヒンドゥー教では、虹は雷神インドラが雷の矢を放つ弓だとされている。これはインドラが雨と雷をあやつる（➡p102）ことにも関係があるだろう。もちろん、弓とは関

係のない虹の伝承も存在する。その形から、虹は橋や蛇とも関連づけられており、北欧や日本の虹は神が渡る橋であり、天界と人間界を繋ぐものだとされている。また旧約聖書における虹は、ノアの方舟の物語において神が二度と大洪水を起こさないとした"約束の証"である。そのほかには、虹が出るのは凶事の前兆だ、と考える地域もある。

中近東・アフリカ・アメリカ・太平洋

世界の神話では、虹は「弓」だとされることもあれば、天界への通路やハシゴだと考える神話も多いそうですね。私も旦那様と、虹の橋を渡ってハイキングをしてみたいですわ〜♥

太陽を打ち大地を釣った女神の"骨"
ムリ・ランガ・フェヌアの顎の骨
ムリ・ランガ・フェヌア ノ アゴ ノ ホネ

おもな使用者	英雄マウイ	武器タイプ	棍棒	活躍した時代	神話
出典	ポリネシアの神話伝承				

中近東・アフリカ・アメリカ・太平洋

聖なる力をもつ、老女神の顎の骨

　神話の武器の多くは金属で作られているが、仙人の骨で作られた武器ヴァジュラ（→p102）のように、金属以外の材質で作られるものもある。なかでも異彩を放っているのが、この「ムリ・ランガ・フェヌアの顎の骨」だろう。なぜならこの武器は、女神の「顎の骨」を、ヴァジュラのように加工することなくそのまま使っているからだ。ムリ・ランガ・フェヌアとは老女の神で、その顎骨には魔術的な力が宿っているといわれた。

　この伝承は、フィリピン、ハワイ、トンガなど、太平洋の島々の神話に登場し、創造神のような役割を果たす半神半人の英雄"マウイ"の伝説に登場する。彼は魔術的な力を持つ顎の骨を手に入れるため、残忍な方法をとった。マウイは祖母であるムリ・ランガ・フェヌアに食事を運ぶ人間に「自分が運ぶ」と告げて食事を受け取るが、実際には渡さず祖母を飢えさせた。こうして弱った祖母に、顎の骨を渡すように迫ったのである。こうして顎の骨を手に入れたマウイは、魔術的な力を使えるようになった。ただしこの伝承には異伝もあり、祖母が死ぬときに「私が死んだら顎の骨を外して釣り針を作れ、腱で釣り糸を作れ」と遺言したとし、自発的な提供だと説明するバージョンもある。

　顎の骨が神話で活躍するのは、彼が顎の骨を手に入れてしばらくあとのことだ。マウイの妻が"ツナ"という怪物（うなぎの先祖）に性的暴行を受けそうになった。これに激怒したマウイはツナと対決し、魔法の力が宿る顎の骨でツナを殺害した。

　また、ムリ・ランガ・フェヌアの顎の骨は"太陽を屈服させる"ためにも使われた。当時の太陽は非常に早く動いていたため、人々は明るいうちに仕事や料理がほとんどできないなど生活に不便があった。そこでマウイは兄たちと協力して罠を作り、朝になって昇ろうとした太陽をロープで縛ると、顎の骨で太陽を何度も殴りつけて弱らせ、太陽がゆっくりと動くようにした。これによって世界の昼の時間は、現在のように長くなったのだという。

マウイ、大地を釣る

　マウイは神話でいくつもの偉業をなしとげているが、なかでも特に派手な偉業は「陸地を釣り上げた」ことだ。

　あるときマウイは兄たちとに釣りにでかけた。ここでマウイは、ムリ・ランガ・フェヌアの顎の骨を削って作られた釣り針に呪文を込め、大物を釣ろうと釣り糸を垂らしたのだ。

　しばらくして、糸にすさまじい"アタリ"があった。マウイは乗っていた舟が転覆しそうになりながらも、呪文を唱えながら格闘し、ついに「マウイの魚」と呼ばれる新しい大地を釣り上げたのである。この大地は水の底にあったにもかかわらず、家があり人々が普通に暮らしていた。

　だが「マウイの魚」は、兄たちがマウイの言いつけを守らなかったため、怒った神々によって丘陵に富んだデコボコの地形にされてしまった。一説によれば「マウイの魚」とは、現在のニュージーランドのことだという。

マウイさん、この骨で太陽の「脳天」を殴りつけ、「顔面」も何度も殴って弱らせたのだそうです……って、太陽に「頭」や「顔面」があるんですか!?私の知っている太陽と違いますわ……。

illustrated by 関あくあ

世界の鍛冶師・鍛冶神事典④

トバルカイン／オグン

次は中東とアフリカからご紹介します。あら、キリスト教の『聖書』に出てきた方もいらっしゃいますね？

うむ、『旧約聖書』は中東地方、イスラエルなどで作られたものだからな。ここで紹介するのが適切であろう。

人類最初の鍛冶師――
トバルカイン

性別：男性
出典：旧約聖書『創世記』

鍛冶仕事をするトバルカインを描いたレリーフ画。14世紀イタリアの彫刻家、アンドレア・ピサーノの作品。

　トバルカインはキリスト教、ユダヤ教における「最初の人間」アダムから数えて7世代後の子孫である。『旧約聖書』の一編である『創世記』は、トバルカインを「銅と鐵（くろがね）の諸（もろ）の刃物を鍛ふ者なり」と紹介している。彼は人類ではじめて鍛冶仕事を行った、鍛冶の祖先なのだ。
　『旧約聖書』では、トバルカインの業績について目立った記述はない。だが伝説のひとつに、彼がキリストの脇腹を刺した「ロンギヌスの槍」（→p86）を作ったというものがある。トバルカインは自分の一族を守る武器を作りたいと神に願い、神から隕石を授かった。トバルカインはそれで剣と槍を作り、槍のほうがロンギヌスの槍になったのだという。

ジャングルを切り開く斧の一閃――
オグン

性別：男性
出典：ヨルバ族の神話

　アフリカ大陸西部にある国「ナイジェリア」を中心に分布している「ヨルバ族」という巨大な民族がある。オグンは彼らヨルバ族が信仰する神の1柱であり、鉄と鍛冶の神として、また戦士や狩人はもちろん、「肉屋」や「床屋」にいたるまで、鉄を扱うものすべてを守護する神だとされている。
　オグンが作った作品のなかで特に重要なのは「鉄の斧」である。ヨルバ族が住むナイジェリア南西部は一面のジャングルに覆われた土地であり、人間が土地を利用するにはジャングルを切り開くしかない。ヨルバ族はそれまで、柔らかい青銅の斧しか持っていなかったため樹木に刃が立たなかったのだが、オグンが鉄の斧を作って木々を切り倒し、ジャングルに道を造ってくれたのだ。こうしてヨルバ族は、道を通ってほかの人々と交流できるようになり、またオグンから教わった製鉄技術で鉄の道具を作り、ジャングルを切り開いて土地を開拓できるようになったという。

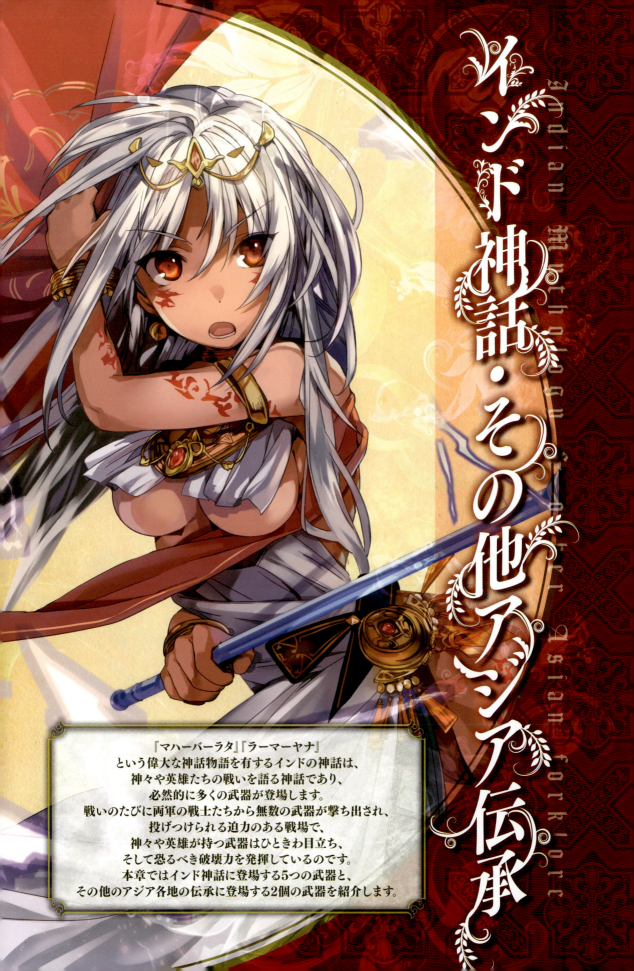

インド神話・その他アジア伝承

Indian Mythology & Other Asian forklore

『マハーバーラタ』『ラーマーヤナ』
という偉大な神話物語を有するインドの神話は、
神々や英雄たちの戦いを語る神話であり、
必然的に多くの武器が登場します。
戦いのたびに両軍の戦士たちから無数の武器が撃ち出され、
投げつけられる迫力のある戦場で、
神々や英雄が持つ武器はひときわ目立ち、
そして恐るべき破壊力を発揮しているのです。
本章ではインド神話に登場する5つの武器と、
その他のアジア各地の伝承に登場する2個の武器を紹介します。

雷電を呼ぶ聖者の背骨
ヴァジュラ
Vajra

欧文表記	Vajra	おもな使用者	雷神インドラ
武器タイプ	ヴァジュラ	活躍した時代	神話
出典	インド神話		

インドの雷神が持つ気象兵器

　インド神話の雷神"インドラ"は、雷を武器として使う神だ。この「雷を武器として使う」というのは、雷のような威力を持っている、などの比喩的な表現でも、ただ雷を放つだけでもない。インドの宗教画などでは、インドラは"本物の雷を象徴する物体"を武器として手に握った姿で描かれているのだ。この、インドラ神が手に持っている武器は「ヴァジュラ」と呼ばれている。

　インドラのヴァジュラは、先述のとおり実体ある武器であり、場合によってはヴァジュラは稲妻そのものを物体化したものだともされている。その威力は絶大で、インドラはこの武器を振るい、数多くの神話物語の戦いで八面六臂の大活躍を見せている。また、稲妻を放つ能力のみならず、戦死した者を蘇らせる力まで備えていたともいう。

　ヴァジュラは、人間も使う剣や槍のような、いわゆる武器とはまったく異なる存在であるため、神話のなかでもその外見を明確にしている記述が存在していない。そのため、宗教画などでの描かれ方も、それを描く人物の想像であるため、さまざまな形状が存在している。ただの棒であったり、槍や剣、ハンマーのような外見のこともあれば、穴の開いた円盤状の武器として描かれることもある。

　このように外見が曖昧なヴァジュラだが、その材料に関しては明確な記述が存在している。そのエピソードによれば、ヴァジュラは工芸神トヴァシュトリが、ダディーチャという仙人の背骨を使って作り出したものだ。

ヴァジュラとヴリトラ退治

　ヴァジュラという武器の誕生は、インド神話に登場した最悪の怪物である、蛇龍「ヴリトラ」と密接に関わっている。ヴァジュラはもともと、神々ですら倒せないヴリトラを倒すための武器として、特別に作られたものなのだ。

　ヴリトラは神に対抗するために恣意的に作られた存在であり、干ばつを起こす能力を持っていた。そして神々や人間を含む、すべての生物を憎んでいた。また非常に大きな体を持っており、それを使って天から流れる川をせき止め、地上の川を占領し、さらには太陽を隠して地上を暗黒に包み、とどめに干ばつを引き起こして飢饉を起こし、地上の人間たちをおおいに苦しめた。

　渇きと飢えに苦しむ人間たちの願いを聞きとげたインドラは、蛇龍ヴリトラを退治することにした。ところがヴリトラは神に対抗するために作られただけあって非常に強く、木製の武器でも金属の武器でも傷つけることができず、インドラはこの怪物に飲み込まれてしまった。神々の助けによって何とか逃げ出したインドラを見かねたヴィシュヌは、この怪物と和平条約を結んだのだが、そのときにヴリトラが出した条件は「世界の半分と、木や石、鉄、乾いたもの、湿ったもののいずれによっても傷つかず、インドラは昼も夜も自分を攻撃できない」というものであった。

　これではどうやってもこの怪物を倒せない、と困り果てたインドラは、ブラフマーという神にアドバイスを求める。ブラフマーは「ヴリトラが出したすべての条件のいずれにもあてはまらない、ダディーチャという仙人の背骨で武器を作れば、ヴリトラを退治できる」と助言。それを聞いたインドラは仙人ダディーチャの元へと向かい、この話を仙人に持ちかけたところ、彼はこころよく了解し、みずから命を絶って背骨を提供したのだという。ヴァジュラは、高貴な仙人の自己犠牲によって作られた武器だったのだ。

　尊い犠牲から作られた最強の武器、ヴァジュラを手に入れたインドラは、昼でも夜でもない夕暮れ時を狙ってヴリトラに再度挑戦し、激しく戦った。そして最後はヴリトラの唯一の弱点である口に向かってヴァジュラを投げつけ、

ヴリトラを倒すことに成功したという。
　こうして滅ぼされたヴリトラだったが、インドの神話によれば、ヴリトラは何度もよみがえり、そのたびにインドラと戦いを繰り広げることになっている。ヴリトラは、闇や災いといった非生産的なものを象徴する怪物だが、その本質はインドを毎年のように襲う、破壊的な嵐だとする意見がある。つまりインドラとヴリトラの戦いは、季節の移り変わりを表現した神話であるとも考えられている。

叙事詩『マハーバーラタ』における、インドラがヴリトラを倒すシーン。この絵でのヴリトラは、たくさんの叉を持つ槍の姿で描かれている。

インドラとは何者か？

　インドラは、血の色または金色の美しい体の持ち主で、好戦的で豪快な性格の持ち主である。２頭の馬が引く戦車か、もしくはアイラーヴァタという神聖な象に乗り、その右手に持ったヴァジュラで敵を打ち砕くのである。
　インドラは、古い時代にはインドの最高神に就いていたこともあるほどの神だが、その割には情けない一面も見せる人間くさい神である。例えば、すでに紹介したヴリトラ退治の物語では、ヴリトラにとどめを刺すときに「ヴリトラの雄叫びに恐怖し、ヴァジュラを投げたあと湖水に逃げ込もうとした」とするバージョンがある。投げつけたヴァジュラによってヴリトラは絶命したのだが、このときインドラは恐怖のあまり、ヴリトラの死はおろか、自分がヴァジュラを投げたことにも気づいていなかった。彼はほかの神に指摘されてやっと、ヴァジュラを投げつけたことに気がついたという。
　戦いをつかさどる神の逸話としては情けない話だが、この"隙のある"性格が、逆に親しみやすく感じられ、大衆の人気を集めたと考えられている。
　また、『マハーバーラタ』という大叙事詩では、物語に登場する英雄たちが持つ強力な武器のひとつが「インドラの矢」または「インドラの炎」という名前で呼ばれている。物語によると、太古の昔にインドラが、これを使用して敵の大軍を一撃で全滅させたのだという。

仏教におけるヴァジュラ

　ヒンドゥー教の神々は、のちにインドで誕生した宗教である「仏教」に取り入れられた。仏教におけるインドラは、中国に渡って、仏教の守護神「帝釈天」となった。そしてインドラとともに、仏教に取り入れられたヴァジュラは「金剛杵」と呼ばれる仏具になった。これはヴァジュラの武器としての力が、煩悩を破壊するものとして解釈された結果で、帝釈天はもちろんのこと、金剛力士や愛染明王などほかの神仏が持つことも多い。
　仏教の一派"密教"儀式では、儀式の道具「法具」として金剛杵が使われる。法具としての金剛杵は、握り拳ひとつぶんの握り手の両端から、太い刃状のものが突き出した形をしている。刃の本数によって呼び名も変わり、１本だけ出ているものは「独鈷杵」、刃が５本なら「五鈷杵」と呼ばれる。ちなみに、金剛杵が柄になり、片側から長い刃が生えたものを不動明王などが持っていることがあるのだが、これは金剛杵ではなく「宝剣」という別の道具だ。

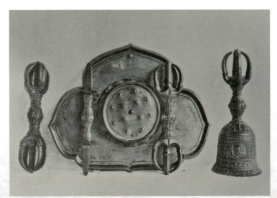
金剛杵にはさまざまな種類がある。左から五鈷杵、独鈷杵、金剛盤、三鈷杵、五鈷鈴。

インドの神話だと、地上にある「山」は、もともと翼が生えていて空を飛んでいたのです。インドラさんがヴァジュラで翼を斬ったので、山は地面に落ちて、今の姿になったのだそうですよ。

illustrated by nove

人の姿を持つ神の武器
スダルシャナ
Sudarushana

欧文表記	Sudarushana		おもな使用者	維持神ヴィシュヌ、英雄クリシュナ
武器タイプ	戦輪		活躍した時代	神話
出典	インド神話			

悪を切り裂く神の戦輪

　インドには、穴の開いた金属製の円盤の外側を研いで刃にした「チャクラム」（→p172）という投擲武器がある。鋭い刃を持ち、鎧を着ていない敵の体を切り裂く武器だ。そしてインド神話の最高神のひとり"ヴィシュヌ"が持つ武器「スダルシャナ」は、別名を「スダルシャナ・チャクラ」ともいい、チャクラムの一種だとされることが多い。

　スダルシャナという名前には「美しい姿のもの」という意味があり、宗教画や彫刻などでは、光り輝く美しい輪として描かれることが多い。中央に穴が開いていない円盤や、あるいは車輪の形で描かれる場合もある。使い方は実在するチャクラムと同様で、輪っかの中に人差し指を入れて回し、投げつけて攻撃する武器である。ヴィシュヌはこの武器を使って、神の飲み物を盗もうとした"ラーフ"という悪魔の首をはねたこともある。

　このスダルシャナには、神の持ち物らしく神秘的な力も秘められており、どこまでも飛んでいってかならず敵を両断し、ブーメランのようにまたヴィシュヌの元へと戻ってくるのだという。ほかにも毒を中和する、悪魔や魔神の力を弱めるという力も持つスダルシャナは、まさに神の武器にふさわしいものだろう。

　スダルシャナの所有者であるヴィシュヌは、青い肌を持ち、身体から4本の腕を生やしたハンサムな青年として描かれることが多い。4本の腕には、それぞれ「スダルシャナ」「棍棒"ガター"」「ホラ貝」「蓮の花」が握られている。ヴィシュヌが手に持っている物にはそれぞれ意味があるのだが、スダルシャナはヴィシュヌの"限りない心の力"と、"思考の速さ"を象徴しているのだという。

　スダルシャナは、ヴィシュヌの転生体である、英雄クリシュナにも愛用された。物語でこの武器をクリシュナに渡したのは、火の神アグニなのだが、ヴィシュヌの武器をなぜアグニが持っていたのか、経緯は不明である。

右手にスダルシャナを持つヴィシュヌの宗教画。インドに出回っている宗教画の多くは、インドの画家ラージャー・ラヴィ・ヴァルマーの影響を受けている。

武器擬人化のパイオニア？

　インド神話では、神々の持ち物を人間に見立てて表現することがある。それら持ち物の擬人化のなかでも、特にヴィシュヌの持ち物は、その対象として描かれることが飛び抜けて多いため、スダルシャナやガターなどの、彼の持ち物が人として描かれた絵画が数多く存在している。

　人間の姿で描かれるときのスダルシャナは、生殖器の存在しない、去勢された男性として描かれることが多いのだが、普通の男性として描かれているものもある。

ヴィシュヌ様の武器には人間の姿に変われるものがもうひとつあります。ガターという棍棒で、女の子になるのですが……ああっ、足りない武器は私が変身するのはどうでしょうか？「私を使って、旦那様」みたいな……？

三つ叉槍は破壊のシンボル
トリシューラ
Trishula

欧文表記	Trishula	おもな使用者	破壊神シヴァ、女神ドゥルガー
武器タイプ	槍	活躍した時代	神話
出典	インド神話		

他人に使われて実力を発揮する

　インド神話の破壊神シヴァは、トリシューラという三つ叉の槍を持っている。日本の書籍では単に「三叉槍」「三叉戟」と表記されることも多い。この武器は、シヴァ神の放つ光のシンボルとも、稲妻をあらわすヒマラヤ山脈の象徴とも考えられている。

　シヴァ神は、虎の毛皮を身につけ、額に白い3本の横線と開かれた第3の目がある姿で描かれることが多い。体の色が白っぽい、または青白い色で描かれるのは、牛糞を燃やした灰を身体に塗っているためである。首には数珠と蛇を巻き、髪を荒々しく束ね、トリシューラと小さな太鼓を持っている。これらの姿は、遊行する苦行者（サドゥー）と個人差はあるがほぼ同一で、これはシヴァがサドゥーたちの神であることを示している。

　シヴァは破壊神として非常に強い力を持ち、神々の攻撃を跳ね返す強固な城に立て籠もる悪鬼アスラたちと戦ったときには、神々を変化させて弓矢を作り、それを用いて城を破壊し、アスラを皆殺しにしている。

　シヴァはパラシュという斧をはじめ、剣や棍棒、弓や太鼓など、いくつもの武器や道具を所有しているが、それらのなかでもトリシューラは特別な武器である。それは、シヴァを描いた絵画のほとんどが、トリシューラを持った姿で描かれていることからも読み取れる。

　このように、シヴァという神を象徴する重要な武器であるトリシューラだが、神話伝承のなかで、シヴァが実際にトリシューラを使って敵と戦った例はあまり多くない。信者の子供を襲った死神を、シヴァがトリシューラで突き刺して退治した話などが残されている程度である。

　このトリシューラが武器として物語で活躍するのは、むしろシヴァ以外の誰かに貸し出され、使われるときである。「女性以外には殺されない」力を持っている悪鬼アスラの王「マヒシャ」を倒すため、神々が戦いの女神ドゥルガーを生み出したときには、ドゥルガーは神々から武器を借り受けて戦い、最終的にはシヴァのトリシューラでマヒシャにとどめを刺している。

ピナーカとはどんな武器か？

　イギリスの神話学者ヴェロニカ・イオンズの神話解説書《インド神話》などでは、シヴァの三叉槍はトリシューラではなく「ピナーカ」と呼ばれている。

　ピナーカという名前は、シヴァの槍を「トリシューラ」と呼ぶ文献にも登場する。これらの文献でピナーカが取り上げられている場合、その多くは三つ叉の槍ではなく、弓や棍棒であるとされることが多い。

　シヴァの持つ多くの異名のなかには「ピナーカパーニ」という名前があるので、ピナーカがシヴァにとって重要なものであろうことは間違いないのだが、肝心のピナーカがどのような外見をしているかは、残念ながらこれと断定できる資料が存在していない、というのが実情である。

わたくしの旦那様が世界を守る維持の神なら、シヴァ様は世界の悪を倒す破壊の神でいらっしゃいます。「金の都市」「銀の都市」「鉄の都市」という悪魔の都市を破壊するとき、シヴァ様はトリシューラを使っておられます。

その炎はすべてを焼き尽くす
アグネアの矢
Agneyastra

欧文表記	Agneyastra		おもな使用者	アシュヴァッターマン、アルジュナ
武器タイプ	矢		活躍した時代	神話
出典	ヒンドゥー教の聖典『マハーバーラタ』			

古代インドの大量破壊兵器

「世界三大叙事詩」として知られるインドの英雄物語『マハーバーラタ』は、神に祝福された英雄たちの戦いの物語であり、多くの武器が登場する。そのなかに、現代で言う大量破壊兵器と呼んでも過言ではない、恐るべき神の武器「アグネアの矢」が登場する。これは炎の力が込められた魔法の矢であり、火の神アグニの所有する神器である。

この武器は複数の登場人物がそれぞれ使用しているのだが、威力はまちまちだ。例えば物語の中心人物のひとりである、雷神インドラの息子アルジュナは、これを民衆の前で神の技を披露する催しとして使ったが、そのときはただ火を起こす程度のものだった。しかし神々どうしの戦争が始まると、アグネアの矢は戦いの切り札となる強力な武器として扱われるようになる。多くの場合、アグネアの矢は対になる属性を持つ水の矢などで迎撃され、その力は発動しないまま終わるのだが、もし迎撃されずに着弾すれば、恐ろしい破壊力をもって敵を殲滅するのだ。

物語中では、アシュヴァッターマンという敵側の英雄がアグネアの矢の力を放ち、その力を炸裂させている。その様子は描写された順番に右のとおりである。

アグネアの矢が炸裂するまでの流れ

① 煙のない炎のような、輝きに満ちた無数の矢が空を覆い、炎に包まれて敵の頭上に落下

② 不吉な風が巻き起こり、太陽は光を失う

③ いたるところでオオガラスの群れが騒ぎ、雲は雷鳴をとどろかせ、血の雨を降らせる

④ 天地は波立ち、太陽は逆の方位に向かう

⑤ 動物は着弾地点から逃げ出し、水は熱せられ、水生動物は熱に焼かれ暴れまわる

⑥ 空から落下するアグネアの矢に焚き焦がされた将兵は、炎に包まれた樹木のように燃え上がり倒れた

⑦ 象も馬も戦車も、山火事に遭った木々のように燃え、悲鳴をあげてのたうった

このように、さしずめ火山の大噴火か、あるいは核爆弾の炸裂かというような光景が、たった1本の神の矢によってもたらされたのだ。

神話に描かれたオーバーテクノロジー

先述のアグネアの矢の描写及び被害の順番、そして「地域一帯を焼きつくし、壊滅させてしまう」という恐るべき破壊力が、現代の核兵器に酷似している、というところから、このエピソードは遥か古代に高い科学技術が核戦争があったとする「古代核戦争説」でしばしば取り上げられている。またインドの北西パキスタンには、モヘンジョダロという都市遺跡があるのだが、この都市は古代の核戦争で滅んだ、という奇想天外な説も存在している。

アグネアの矢は、ヒンドゥー語では「アグネヤストラ」と呼びますが、これは訳すと"矢"ではなく「火の神アグニの"力"」という意味になります。神様の"力"を凝縮した武器「アストラ」の一種なんです。

illustrated by 此処シグマ

超絶連射で百発百中
ガーンディーヴァ
Gandiva

欧文表記	Gandiva	おもな使用者	アルジュナ
武器タイプ	弓矢	活躍した時代	神話
出典	ヒンドゥー教の神話物語『マハーバーラタ』		

最高神の作り出した最強の弓

　神々や英雄の戦争とその結末が記されているヒンドゥー教の神話的物語『マハーバーラタ』には、神の祝福を受けた、神秘の力を宿す超兵器が数多く登場する。そのなかのひとつである「ガーンディーヴァ」は、最高神のひとりであるブラフマーの想念から生まれた神器の弓である。

　ガーンディーヴァは神々からも崇拝の対象とされており、10万本の弓に匹敵する、いかなる敵にあっても敗れることがない力を有していたという。その外見は五色に美しく輝いており、100個の黄金の鋲と両端を持つすばらしいもので、大きさはヤシの木のように長く巨大であった。

　固有の名前はついていないが、矢を入れて肩や腰に掛け、携帯する容器「箙」が2個付属しており、ごく一部の特別な矢を除けば、ここからどれだけの矢を引き抜いて撃っても矢が尽きることはない。その外見は黄金色であり、矢は1000本の羽を持ち、カミソリのように鋭い金の矢尻が付いていたという。

　火神アグニからガーンディーヴァを授かった英雄アルジュナは、物語の中心人物であり、物語の中で数多くの武勲を立てている。ガーンディーヴァが必中の弓とされるのは道具の性能だけでなく、アルジュナがもともと弓の名手だった影響も大きい。彼はこの弓矢で何百本もの矢を同時に発射できたし、矢にマントラ（呪文）を吹き込んで、その矢を雷電に変化させたり、矢を地面に突き刺して水を湧き出させる、などの術にも長けていた。

矢の"傘"で豪雨を防ぐ

　アルジュナが火神アグニからガーンディーヴァを与えられたのは、衰えたアグニ神の力を取り戻すために行われた、「カーンダヴァという森の住人たちを虐殺する」という計画が実行されたときだ。このときアルジュナは、ガーンディーヴァと同時に2つの黄金の箙、そして戦車を与えられ、親友であるクリシュナとともに森を焼き払い、住人たちを次々に殺して回ったのだ。この蛮行に天界の神々は騒然となり、彼らの懇願を受けたアルジュナの父である雷神インドラが現場に駆けつけた。

　ふたりとアグニの蛮行を止めるべく、インドラは燃える森に竹筒のように太い豪雨を降らせたのだが、アルジュナは森の上空に何千本もの矢を射って傘のような「矢ぶすま」を作り、森全体を隙間なく覆い尽くしてしまった。

　ここでインドラは、水の力を用いて蛮行を止めるという考えを捨て、岩石の雨を降らし、さらに山の頂を引きちぎってアルジュナに投げつけるという実力行使に出た。だがアルジュナは大量の矢で岩をすべて射落とし、さらに投げられた山の頂を数千数万の破片に粉砕したという。

　その後もインドラは彼らを止めるべく奮闘していたのだが、ふたりのあまりの強さに一度撤退しようとした直前、ブラフマーから「これは抗えない運命である」と教えられたため、彼らをそのままに森から立ち去っていった。

物語の最後で、ガーンディーヴァはその力を使い果たして普通の弓になってしまいます。アルジュナさんは、ガーンディーヴァを海に流して、これを作った水神のヴァルナ様にお返しするのですね。

インド神話・その他アジア伝承

最大威力は国ごと爆破
グプ

おもな使用者	賢者キェルプン・ナンシェルルーポ	武器タイプ	爆弾	活躍した時代	7世紀？
出典	チベットのボン教の伝承				

黄金と祈りで作られる"爆弾"

　中国の南西部、インドとの国境付近にあるチベット地方は、指導者ダライ・ラマが率いるチベット仏教という宗教で世界的に知られる地だ。しかしチベットには、インド発祥の仏教が伝わる前から、「ボン教」という民族宗教が存在していた。現在でもチベットで広く信仰を集めているこのボン教の伝承には、遠く離れた敵をも殺す「グプ」という呪いの爆弾が伝わっている。これはボン教の僧侶の儀式で作られる「ツォ」という爆弾のなかでも比較的威力が低いもので、強力なものになれば国ひとつをまるごと吹き飛ばすほどの破壊力がある。

　この何とも物騒な武器は、復讐のために作られたものだ。当時のチベットには、仏教を信仰するチベット王と、ボン教を支援する外護（スポンサーのようなもの）をしていたシャン・シュン王国の王がおり、外護の王はチベット王に殺されていた。外護の王の妻は、チベット王に復讐するべく、ボン教の賢者キェルプンに相談した。そしてキェルプンは「ツォ」という爆弾で復讐を行うことを持ちかけたのだ。「ツォ」には以下の3種類がある。

①「プ」：チベットの国土すべてを風で吹き飛ばせる。金1両と3年で製作完了。
②「キュン」：国王の一党をもろとも滅ぼせる。金半両と3ヶ月で完成する。
③「グプ」：国王だけを殺す。金1銭と7日間で完成。

　外護の王の妻はグプを作って欲しいと依頼し、キェルプンは早速グプの製作に取り掛かった。

　そしてキェルプンは金1銭に7日間祈りを捧げ、グプを作り出した。彼はグプを3つに分けて、まずは夕暮れ時にひとつを投げると、それはヤルラシャムポ山の麓の湖に命中し、その湖はあっというまにに干上がってしまった。2個目のグプは真夜中に投げられ、これはソクカ・プンモ山で眠っていた7頭の鹿に命中し、2頭が死に5頭は硬直した。そして夜明けに投げられた最後のグプは、チベット王が住む「虎の峰」の館に命中し、国王は病に倒れた。

　チベット王は病の原因をすぐに察知し、大金を献上してキェプルンに謝罪の使者を送り、ボン教の保護と賠償など4つの誓いを立てた。キェプルンが謝罪を受け入れてチベット王を治療すると、国王の目や肛門など全身の穴から、爆弾の材料1発分と同量の金の糸が排出されたという。

ボン教とチベット仏教

　今でこそ共存しているボン教とチベット仏教だが、仏教がチベットに伝来した7世紀ごろ、ボン教は仏教勢力からの弾圧を受けていた。

　グプの伝説にも実際に弾圧で滅んだボン教派の王国と、ボン教を弾圧したチベット王の実名が出てくるのだが、王国の滅亡時期とチベット王の在位時期にはかなりのズレがある。そのためこの伝説は、複数の歴史的事実を混ぜあわせて作ったものではないかと考えられている。

インド神話・その他アジア伝承

キェプルンはんは、おそらく実在していたグプ教の高僧さんや。この人は湖の真ん中にある島でずーっと瞑想して修行してたちゅう話やな。チベットの隠者はんたちは、20世紀になるまでこんな暮らしを続けとったらしいで。

illustrated by 御園れいじ

勇士が振るうは巨大なる戦斧

シャバル・シューギン

シャバル・シューギン

おもな使用者	勇士サバル	武器タイプ	斧	活躍した時代	神話伝承
出典	英雄叙事詩『ジャンガル』（15〜17世紀ごろ？　モンゴル）				

モンゴルの物語『ジャンガル』の大斧

　ロシアと中国にはさまれた内陸国モンゴル。日本と歴史的、文化的に関係の深いこの国には、オイラート人と呼ばれる民族がいて、『ジャンガル』という英雄物語を伝えている。ブンバ国という伝説的な国の王ジャンガルと、彼を支える勇士たちの、異国との戦争を描く物語だ。

　シャバル・シューギンは、ジャンガルに仕える勇士「サバル」が使用する巨大な斧である。『ジャンガル』は各地で口伝えで伝承されてきた物語であるため、語り手によって内容に若干の違いがある。この斧の特徴は、ある伝承では「鋭い黄色の斧」とされる。また別の伝承では"81尋ある12枚の刃がついた長柄の大斧"とされている。尋とはだいたい1.8mほどの長さをあらわし、そのまま計算すると145m以上という、途方もない巨大さとなる。しかし『ジャンガル』では、ほかにも尻尾が88尋（158m）ある馬がいたり「座ると25人分の席をとる」勇士がいたりと、オーバーな表現を多用しており、シャバル・シューギンの巨大さもこうしたオーバーな表現のひとつだと思われる。また物語のなかに、"手にした瞬間に12条の光芒（輝き）を放った"という場面もあるが、これがこの斧が持つ能力なのか、それとも詩的な表現なのかは不明だ。

　大斧シャバル・シューギンの使い手「サバル」は、数多い勇士のなかでも、物語によく登場する主要人物である。キュリュン・ガルザン（白額の栗毛馬）という雌馬にまたがり、相手がいかなる強者であっても"一撃で馬上にとどめておかない"というほどの勇猛さを誇り、「人中の隼」あるいは「鉄腕サバル」とも称されている。彼はほかの勇士が槍や剣など複数の武器で武装するなか、シャバル・シューギンだけを手に戦場を駆け活躍する場面もある。

　またある物語では、サナルという同僚の勇士が他国を服従させるために単身旅立つとき、サバルは愛用のシャバル・シューギンをサナルに貸し出している。サナルは、服従するどころか大軍をけしかけてきたその国の軍から逃げながら戦うが、ここでサバルから借りたシャバル・シューギンを振るって、敵方の勇士を倒す活躍を見せている。

インド神話・その他アジア伝承

叙事詩『ジャンガル』の特徴

　上で紹介したとおり『ジャンガル』では、物事をおおげさにする表現が頻繁に見られる。武器の大きさや重さなどの数の誇張に加え、騎馬民族の多いモンゴルの物語ならではといえるのが「馬の擬人化」だ。作中では多くの勇士が名前のある駿馬を所有しているのだが、勇士たちが自分の愛馬と会話し、意思の疎通をはかる場面が多く見られる。

　また西洋の騎士物語と比較して、王であるジャンガルが絶対的な権威を持たないのも珍しい。作中ではジャンガルが異国に屈したり、ジャンガルがサバルを臆病者呼ばわりしたために、サバルが敵国に寝返るという展開が見られる。なお物語では、サバルはそのあとジャンガルが捕らえられたことを聞き、彼を救出するべく奮闘している。

> モンゴルではこの『ジャンガル』と、『ゲセル・ハーン物語』『チンギス・ハーン物語』が、三大古典文学とされとる。特に前のふたつは21世紀になって日本語訳された"訳したてホヤホヤ"や、読んでみて損はあらへんよ？

illustrated by 瞭

教えてラクシュミ様！
インド神話講座

ウェルゥさんとパンドラさんと箱さんには、いろいろ教えてもらってばかりで申し訳ないですね……そうだ、今度はわたしのほうが解説役になって、みなさんにインド神話という神話について知っていただくというのはどうでしょう。

⟢―― インド神話＝「ヒンドゥー教」の神話 ――⟣

インドで語り継がれている「インド神話」は、インドの宗教「ヒンドゥー教」の神話です。現在のインドでは、総人口13億人の78％、約10億人がヒンドゥー教を信仰しています。町にはヒンドゥー教の神々や英雄を描いた色鮮やかな宗教画があふれており、その人気をうかがわせます。

ヒンドゥー教は、4000年以上昔から存在していた自然神への崇拝（ヨーロッパでは「バラモン教」と呼ばれます）をもとに、体系的な宗教として発展強化されたものです。神々は人間に崇拝される神の一族「ディーヴァ神族」と、悪魔の一族「アスラ神族」に分かれて常に争っています。神話に登場する各勢力の関係をあらわしたのが下図です。

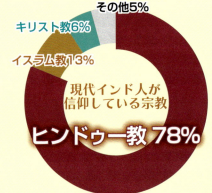

現代インド人が信仰している宗教
- ヒンドゥー教 78％
- イスラム教 13％
- キリスト教 6％
- その他 5％

ご覧ください、インド人のほとんどがヒンドゥー教徒なのですよ♪

ディーヴァ（神）とアスラ（悪魔）のインド神話相関図

神々　ディーヴァ神族
3柱の最高神に率いられた神の一族です。神の酒「ソーマ」「アムリタ」を飲んでいるため、不老不死の力を手に入れています。

悪魔　アスラ神族
ディーヴァ神族と敵対する悪魔の一族です。ディーヴァ神族と違って不老不死の力はありませんが、一時的に神々を圧倒することもあるほど強力な存在です。

対立

ディーヴァ神族 →（加護、化身）→ 人間
アスラ神族 →（攻撃）→ 人間
人間 →（祭祀）→ ディーヴァ神族

その他の種族
神々ともアスラとも対立することがある鬼神族ラークシャサをはじめ、猿人ヴァナラ、馬人キンナラ、鳥人ガルダなど多くの種族が登場します。

インド神話の主役は、神々の種族ディーヴァ神族と、悪魔の種族アスラ族、そして人間たちです。インド神話では、神々は人間に祀られることで力を得て、そのかわりに人間を害から守ったり、利益を与えてくれます。また、神々が自分の化身を人間として産ませて、直接人間たちに干渉することもあります。

「インド神話」が書かれた資料はどれ？

インド神話にはとてもおもしろいお話がたくさんありますよ。きっとウェルゥさんやパンドラさん、箱さんにも楽しんでいただけると思います。
ただ、お話の量もとても多いので……代表作を選ぶならコレでしょうか。

インド神話は、今から3600年前から文字に書き起こされるようになり、それから2000年あまりにわたって、継続的に新しい神話が書かれてきました。そのためインド神話に関する文献は数え切れないほど存在します。

このように無数に存在する神話文献のなかから、特に重要な文献をいくつかあげるとするなら、以下にあげる4つの文献が、インド神話を語るうえでもっとも重要な神話文献だといえるでしょう。

「インド神話」の主要文献4つ

最古の神話文献
『ヴェーダ』

今から3600年前から徐々に書きためられ、3000年前の紀元前10世紀ごろにひとつの文献にまとめられた宗教文書です。戒律や儀式の手順に混じって、神々をたたえる歌という形で物語が記録されています。

インド神話の百科事典
プラーナ文献

ヴェーダより1000年以上あと、4世紀ごろから執筆が始まり約1000年ものあいだ改良され続けてきた宗教文書群です。記述の内容は多岐にわたり、ヒンドゥー教とインド神話の百科辞典的な内容になっています。

『聖書』の4倍長い長編物語
『マハーバーラタ』

「バラタ族の偉大なる物語」という意味。世界三大叙事詩（英雄物語）のひとつで、インド北部の部族バラタ族の王家の興亡、英雄カルナ、アルジュナ、クリシュナなどの戦いが描かれています。

神の化身「ラーマ王子」の一代記
『ラーマーヤナ』

『マハーバーラタ』と並び称されるインドの英雄物語です。インドの魔族「ラークシャサ」の王であるラーヴァナに誘拐された妻シータを救うため、ヴィシュヌ神の化身である英雄ラーマ王子が戦う物語です。

この4つを読めばカンペキ……ですけれど、どれも長いので読むのはとても大変です。最初は入門書から入るのがいいですよ。ちくま学芸文庫《インド神話　マハーバーラタの神々》や、当シリーズの『萌える！女神事典』がオススメです♪

時代によって「最高神」が変わるインド神話

インド神話の物語を見ていただくと、いろいろな神が「最高神」と呼ばれていることに気づくと思います。これは、人間たちの時代ごとに、どの神が最高神として信仰されていたかが違うからなのですね。神話が作られた時代ごとに神の地位が違うのです。
私の旦那様、ヴィシュヌ様が最高神になったのは、いちばん新しい時代です。この時代の神話では、世界を維持するヴィシュヌ様のほかに、世界を作る「ブラフマー様」と、世界を壊す「シヴァ様」が、三柱一組の最高神として君臨しているのですよ♪

時代別インドの最高神

時代	神	説明
紀元前16世紀〜紀元前5世紀	雷神インドラ	自然崇拝が主体だった時代。最強の自然神インドラが最高神。
紀元前9世紀〜2世紀	創造神ブラフマー	宗教が理論化されると、世界を作った創造神が最高神となった。
紀元前2世紀〜14世紀	三柱一組の最高神	一般民衆に支持されるヴィシュヌとシヴァが最高神に加わった。

世界の鍛冶師・鍛冶神事典⑤

トヴァシュトリ／リブ

最後に紹介するのは、アジア南方の大国、インドの神話に登場する2組の鍛冶神だ。どちらも世界に存在するさまざまなものを作った神として崇拝されておる。

お師匠様、たしかインドという国は身分制度が厳格な国ではなかったでしょうか？このリブさんたち、人間から神様に出世するなんてすごいことですよね。

神々の不死を支える工芸神
トヴァシュトリ

性別：男
出典：インド神話

　インドの神話には、高名な鍛冶神が2柱登場する。「トヴァシュトリ」と「ヴィシュカヴァルマン」と呼ばれる鍛冶と工芸の神は、一説によれば名前が違うだけで同じ神なのではないかと考えられている。

　トヴァシュトリはヴァジュラ(➡p102)の製作者として有名だが、その業績のなかでもっとも重要なのは、インド神話の神々が不老不死を得た理由である「神酒ソーマ」を保管するための容器を作り出したことだ。トヴァシュトリは定期的に神々にソーマを配る日を設け、これによってディーヴァ神族は不老不死の力を得ている。神々が支配する世界を縁の下から支えるのがトヴァシュトリの役目なのだ。

　なお、トヴァシュトリと同じ神だとされることもある工芸神ヴィシュヴァカルマンは、太陽光線を削りだして神々の武器を作ったとされる。現代でも物づくりと機械の神として、近年のインド経済の発展を支える、インドの工場に祀られている。

人から神に昇格した鍛冶神
リブ

性別：男
出典：インド神話

　リブは3人1組の工芸神で、リブクシャン、ヴァージャ、ヴィヴァンの3兄弟である。その出自には複数の説があるが、ひとつのパターンでは、彼ら3兄弟は人間であり、優れた作品を作り出して神々に献上していた。リブたちの仕事のなかでもっとも重要なのは、上で解説したトヴァシュトリ神謹製の「無限にソーマ酒が出てくるお椀」を改良し、同じお椀を4つに増やしたことです。その功績が神々に認められ、彼らは生物を不老不死にする神の酒ソーマを飲むことを許され、ディーヴァ神族の仲間入りを果たしたのだ。トヴァシュトリは勝手な改造に怒ったとも、喜んで彼らを弟子にしたともいう。

神の酒ソーマを作る「乳海攪拌」の場面を描いたイラスト。このソーマを供給する杯をトヴァシュトリ神が作り、リブたちがそれを4つに分割した。

中国・日本の神話伝承

この章では、
世界各地に存在する神話や伝説の武器のなかから、
われわれが住む日本の神話や伝説に登場する武器と、
日本の文化面での先導者だった
中国の伝承に登場する武器を抜き出しました。
特に中国の神話伝説に登場する武器はあまりに多く、
数え切れないほどですが、本書ではそのなかから、
特に代表的なものを5種類選んで紹介します。

日本の国土の礎となった神の矛

天之瓊矛
アメノヌボコ

おもな使用者	イザナギ、イザナミ	武器タイプ	槍	活躍した時代	神話
出典	『古事記』『日本書紀』他				

大地を作った天の矛

　矛という武器は、槍が登場するより前から使われていた、長い柄の先に鋭い刃がついた武器だ。刃の部分は幅広の両刃で、突くだけでなく斬りつける攻撃にも使える。両手で持つことを前提とした槍とは違い、片手での使用を基本としており、もう一方に盾を持って使われていた。また矛は単なる武器ではなく、祭りごとや儀式にも使用されており、その矛は「祭矛」と呼ばれている。

　日本の神話には「アメノヌボコ」という矛が登場するのだが、この矛はその形こそ矛として作られてはいるものの、武器としてではなく、祭具に近い使われ方をしている。この矛は、日本の国土である日本列島がまだ存在しなかった神話の時代に、日本列島を生み出すための土台を作ったという、重要な存在なのである。

　アメノヌボコの漢字表記は、資料によって異なっている。日本最古の歴史書である『古事記』の表記では「天沼矛」と書かれており、古事記の8年後に完成した、もうひとつの歴史書『日本書紀』では、「天之瓊矛」または「天瓊戈」と書かれている。ちなみに、日本書紀での呼び名である「天之瓊矛」の"瓊"には「瓊は玉のことである」と本文に注釈がつけられており、玉とは価値のある美しい石のことである。この記述を見るに、日本書紀におけるアメノヌボコの姿は、珠で飾られた矛である可能性が高い。

日本の国土ができるまで

　日本神話では、初めのころ、大地ははっきりとした固まりではなく、水の上に浮いた油のような、どろどろとした混沌の状態であった。そこで神々は、男の神イザナギと女の神イザナミに「この漂える国を修理固成せ」と命令し、ふたりにアメノヌボコを与えたのだ。ここから紡がれる物語が、日本神話における「国産み」である。

　イザナギとイザナミは、天にかかる橋「天浮橋」から、アメノヌボコを混沌の海に差し込み、それをかき混ぜてから矛を引き上げた。すると、矛からしたたり落ちたものが重なり積もって島になった。この島は「淤能碁呂島」と呼ばれる、世界にはじめてできた硬い大地である。そしてイザナギとイザナミはこの島に降り立つと結婚し、幾度かの失敗を重ねてから、日本の国土となる無数の島々を出産する。これは「島産み」と呼ばれている。

　なお、アメノヌボコが作ったのは淤能碁呂島だけで、日本列島はイザナミが産んだものだ。あくまでもアメノヌボコは日本列島を作る最初の一手となっただけのものである。

日本画家、小林永濯の明治初期の作品。イザナギがアメノヌボコを持ち、混沌をかき混ぜている。

アメノヌボコで最初に作った「オノゴロ島」は、大阪と四国の間にある"淡路島"のすぐ近くにある小島だという説があるんだそうですよ。世界を産み落とした場所が、ただの小島だというのも不思議な話ですわね。

illustrated by あとり

投げるだけでも一撃必殺
天之麻迦古弓 & 天羽々矢
アメノマカゴノユミ　　　　アメノハバヤ

おもな使用者	天若日子	武器タイプ	弓矢	活躍した時代	神話
出典	『古事記』『日本書紀』他				

天まで届く神の弓

　天之麻迦古弓と天羽々矢は、日本神話に登場する一組の弓矢である。天之麻迦古弓は鹿をよく射止める優れた弓であり、天羽々矢は大蛇を射殺す力を持っていたと書かれている。物語のなかでは、地上から空に向かって放たれた天羽々矢が、"高天原"という、神々が住む天上世界まで届いている。あくまで神話上の表現であって、物理的な飛距離を論じるべきではないとはいえ、この天之麻迦古弓がとてつもなく遠いところまで矢を運ぶことができる「神の弓」と呼ぶにふさわしい力を持っていることは、容易に理解することができるだろう。

　この弓矢は、天上に住む神の一族「天津神」のリーダーである、太陽の女神アマテラスから、「アメノワカヒコ」という神に渡されたものだ。その背景には、アマテラスの大いなる野望があった。

裏切り者を貫いた矢

　天之麻迦古弓と天羽々矢は、日本神話の「国譲り」の物語で重要な役割を果たす。これは、天皇家が日本を支配するきっかけとなる出来事である。

　アマテラスが、高天原に住む神々「天津神」を率いていた時代のこと。日本の国土は、荒々しい神が暴れ回り、霊魂を持つ草木が喋っては人々をおびやかすという、混沌とした状態であった。

　そこでアマテラスは、自分の子孫を地上に派遣して、地上を統治させ平和を取り戻そうと考えたのだ。しかしそのためには、現在日本を支配している「国津神」という神々から、地上の支配権を譲り受ける必要があった。

　アマテラスは、国津神の住む地上にアメノホヒという名の使者を送り、交渉にあたらせたのだが、アメノホヒは国津神の家来となってしまい、失敗してしまう。アマテラス神は3年経っても戻らないアメノホヒを諦め、ふたりめの使者としてアメノワカヒコを送り込んだ。ところがアメノワカヒコは、国津神のリーダーである「オオクニヌシ」の娘と結婚し、使命を放棄して地上に居着いてしまったのだ。

　アメノワカヒコが8年経っても帰ってこないため、アマテラスは、神聖な鳥である「雉」をアメノワカヒコのところに派遣して事情を聞こうとした。ところがアメノワカヒコは、自分の侍女であった「天探女」にそそのかされ、この雉を天羽々矢で射殺してしまった。

　天羽々矢は、貫いた雉と一緒に高天原まで届いた。矢を拾った高御産巣日神は、アメノワカヒコを疑い「この矢が、アメノワカヒコが悪い神を狙って撃ったものならやむを得ないが、もしアメノワカヒコによこしまな心があるのなら、アメノワカヒコはこの矢に当たって死ぬ」と誓約し、手に持った天羽々矢を地上へと落としたのである。

　アメノワカヒコは、自身が地上を支配せんという「よこしまな心」を持っていた。そのため彼は、眠っているところを天羽々矢に貫かれ、絶命したという。

中国・日本の神話伝承

天探女さんは、キジをみつけたとき、それが天の使いだってことを黙って「鳴き声が不吉だから撃っちゃいましょう」って天若日子さんをだましたんだって。なんか彼、加害者だけど被害者な気がするよ～。

妖怪を撃ち抜いた破魔の弓矢
雷上動と水破＆兵破
ライジョウドウ　　　スイハ　　　ヒョウハ

おもな使用者	源頼政	武器タイプ	弓矢	活躍した時代	平安時代
出　　　典	軍記物語『源平盛衰記』（著者不明　鎌倉時代ごろ日本）				

楚の達人から伝わりし源氏の重宝

　平安時代末期、ときの天皇は毎晩のようにあらわれる黒雲と不気味な鳴き声に悩まされ、ついには病気となってしまう。この事態に、朝廷は「源 頼政」という武者に怪奇現象を解決するように命令。頼政は得意の弓矢で、黒雲のなかに潜んでいた妖怪「鵺」をみごとに退治したのだった。この物語は「祇園精舎の鐘の声」から始まる軍記物語『平家物語』などにも記載されている有名な逸話である。

　『平家物語』には、頼政の使った弓矢の詳細について記載はない。しかし『平家物語』の異本のひとつ『源平盛衰記』には、頼政が鵺退治に使用した弓を「雷上動」、2本の矢はそれぞれ「水破」「兵破」という名前であったと記述されている。頼政はまず水破を黒雲のなかに放つと、驚いた鵺が鳴き声を上げて逃げだそうとした。そこに兵破を撃ち込み、みごとに鵺を仕留めたのである。

　雷上動は八尺五寸（約257cm）の弦が張られた弓で、水破には黒鷲の羽、兵破には山鳥の羽がつけられていたとされる。なお、2本の矢は撃つと大きな音を出して飛ぶ鏑矢という種類の矢だ。また2本の矢は、仏教において智慧を担当するとされる文殊菩薩が、自分の両目の瞳を取り出して作ったものであるという。

　『源平盛衰記』や、平安時代の武士の活躍が書かれた『前太平記』には、雷上動、水破、兵破の由来が記載されているが、かなり神秘的な内容となっている。

　もともとこの弓矢は、古代中国の国「楚」の武将で、文殊菩薩が人間に姿を変えた"化身"ともされる養由基の持ち物であった。あるとき由基は文殊菩薩自身と出会い、雷上動、水破、兵破と弓術を授かった。これにより由基は弓の名人として勇名をはせ、トンボの羽根を射たり、1本の矢で複数の敵兵を倒すなど超人的な弓の技術を発揮している。

　由基は自分の弓矢と弓術を伝える相手を探していたが残念ながら適わず、娘の椒花女に弓矢を託して700歳で亡くなった。娘の椒花女もまた弓矢を譲る相手が見つからなかったが、命が尽きようとしたとき、遠い異国の日本に譲るべき相手が見つかったのである。それが頼政の先祖であり、酒吞童子や土蜘蛛といった怪物を退治するなど、妖怪ハンターとしての逸話を多く残す「源 頼光」だった。彼女は頼光の夢の中にあらわれると弓矢を託し、その後、雷上動、水破、兵破は頼光の家系に代々伝わる重宝となった。

弓矢が妖怪退治に使われた理由

　頼政は雷上動、水破、兵破を用いて鵺を倒した。これらの武器に神秘的な力があったことは想像に難くないが、妖怪退治に弓矢が使われた理由はそれだけではない。

　古来から日本では"弓矢そのもの"に邪悪なものを祓い清める力があると信じられてきたのだ。特に、引き絞った弦を放ったときの音や、放たれた矢の風切り音などは邪気を祓うとされていた。つまり、妖怪を退治する武器に弓矢が選ばれるのは当然のことなのである。

源頼政の鵺退治には「妖怪」「武器」「刀」と、いろんな要素がつまっとる。「萌える！妖怪事典 伝承編」にはこの話の詳細が、「萌える！日本刀事典」では、鵺退治の褒美に授けられた太刀「獅子王」の記事があるで！

天地を貫く伸縮自在の神珍鉄

如意金箍棒
ニョイキンコボウ

おもな使用者	孫悟空	武器タイプ	棍棒	活躍した時代	神話
出典	冒険小説『西遊記』（著者不明　16世紀ごろ中国）				

日本でも知られる孫悟空があやつる棍

中国の冒険小説『西遊記』は、実在した僧侶「三蔵法師」が、孫悟空、猪八戒、沙悟浄の妖怪をお供に、はるか遠く天竺へと旅するという、日本でも有名な物語だ。

如意金箍棒は、お供の妖怪のひとりで主役的な存在である、孫悟空が使う棒状の武器だ。見た目は黒く両端に「金の箍」（桶などにはめられている"留め金"）があり、「大きさを自在に変えられる」という特徴がある。名前の"如意"とは「意のまま」という意味であり、つまり如意金箍棒とは「意のままに大きさを変えられる、金の箍がはめられた棒」という、特性と外見をあらわした名前なのだ。

長さを自在に変えられるというが、どのくらいまで変化させられるのか？　物語中で悟空は、如意金箍棒を縫い針ほどの大きさにして耳の中にしまい、いざ戦いとなると取り出してから振り回しやすい大きさに変えている。また作中では「天にある"三十三天"というところから地の底にある"地獄の十八階層"まで届く」という、天地を貫くほどの途方もない大きさにしたこともある。

もうひとつの大きな特徴として"重さ"がある。如意金箍棒には「一万三千五百斤」と銘が掘られているが、これは「1万3500斤の重さがある」という意味だ。斤の具体的な数字は時代によって異なるが、『西遊記』が成立したとされる明代では、1斤はおよそ590gといわれている。これにしたがうと、如意金箍棒は"約8t"と、現代ならばマイクロバスに匹敵するほどの重量があったことになる。

如意金箍棒が悟空の手に渡るまで

孫悟空の武器として有名な如意金箍棒だが、実は悟空は最初からこの武器を持っていたわけではない。

そもそも如意金箍棒は武器ではなく、古代中国の伝説中の皇帝「禹」が黄河を整備したときに、川の深さを測るために使われた"重り"なのである。その後、くわしい経緯は不明だが、如意金箍棒は四海を治める龍王のひとり「東海龍王敖廣」の住む水晶宮の倉に保管されていた。

そこにやってきたのが孫悟空である。花果山という山にある霊石から誕生した悟空は、須菩提祖師のもとで修行をし、空飛ぶ雲「觔斗雲」を呼ぶなど数々の術を修得したが、その怪力ゆえにどんな武器もすぐに壊れてしまった。そこで悟空はあらゆる物があるという龍王の宮殿に行き、強引に自分にあう武器を渡すように迫ったのである。

だが龍王の所有する武器ですら、悟空には軽すぎた。そこで龍王は妻と娘の提案で、倉庫にあった如意金箍棒を提供したのだった。すさまじい重量も怪力の悟空にはちょうどよく、彼は如意金箍棒を自分のものとした。

この後、悟空は天界で大暴れしたため釈迦如来によって封印される。それから500年後に三蔵法師によって封印が解かれ、ともに天竺への旅路を行くことになるのだ。悟空は三蔵法師を狙って襲い来る魔物たちを、愛用の如意金箍棒と妖術で蹴散らしていくのである。

中国・日本の神話伝承

『西遊記』の作品中に、孫悟空さんが3人に分身して、それぞれが如意棒を持って戦う場面があったのです。如意棒には分裂する能力もあるのでしょうか？　それとも悟空さんの分身能力がすごいんでしょうか？

illustrated by 高橋ろむ

乾坤圏 & 火尖槍

「空飛ぶ宝貝倉庫」哪吒愛用の名品

ケンコンケン　　　　　　　　カセンソウ

おもな使用者	哪吒	武器タイプ	戦輪、槍	活躍した時代	神話
出典	『封神演義』（著：許仲琳？　16世紀ごろ明）				

蓮の化身が振るう超兵器

　中国が明の時代に書かれた小説『封神演義』は、作家の安能務による翻案小説などで日本でも広く知られる作品だ。今から3000年以上前、殷王朝の末期時代に、妲己という美女に誘惑され非道な行いをする紂王と、主人公の姜子牙（のちの太公望）が補佐する武王との戦いを描いている。

　この『封神演義』には「宝貝」と呼ばれる神秘的なアイテムが多数登場し、もちろん"武器"としても活躍している。この乾坤圏と火尖槍は、一度死に、その後蓮の花から生まれ変わった少年、哪吒が使用する宝貝だ。

　乾坤圏は金色の輪状で、標的に投げつけるというシンプルな投擲武器だが、投げた乾坤圏は、当たった相手を即死させてしまうこともあるほどの恐るべき威力がある。哪吒は普段、乾坤圏を右腕に腕輪のように身につけていた。

　もうひとつの火尖槍は、文字どおり攻撃するたびに穂先から火を噴くという能力がある槍だ。

　哪吒はこれら2つの武器のほかにも、投げればどこまでも敵を追っていき命中するレンガ「金磚」、2枚1組の車輪のような形をして片足ずつを乗せて空を飛ぶことができる「風火輪」、接触させることで水を激しく振動させる赤い布「混天綾」など、いくつもの宝貝を身につけ、父である李靖や兄弟たちとともに武王たちの軍に参加。何人もの敵方の仙人や武将を倒す活躍を見せている。

作品を彩る数々の宝貝

　『封神演義』には非常に多くの宝貝が登場しており、武器として使われた宝貝も乾坤圏や火尖槍だけではない。ここでは代表的な「武器として活躍した宝貝」を紹介しよう。

● 火竜鏢
　投げると煙を放ち、かならず相手に命中するという手裏剣のような飛び道具。複数あるらしく、作中では敵方の武将と味方の武将の両方が使用している。

● 打神鞭
　主人公の姜子牙が使う鞭の宝貝。剣ほどの長さがあり、84の神を打ち破ることができるという。なお、この鞭とは日本人がイメージする紐状の武器ではなく、持ち手がある固い棒状の武器である。現在でいう警棒に近いものだ。

　近年の創作物の影響か、打神鞭には「風をあやつる能力がある」とされることもあるが、少なくとも中国で広く流布している物語に風をあやつる描写は見られない。

● 金棍
　姜子牙たちに味方した、背中に翼がはえた半人半神「雷震子」が扱う棒状の宝貝。作中ではたった一撃で山の半分を破壊するという威力を見せている。

● 化血神刀
　敵対する余化という武将が使う刀の宝貝。刀身に毒があり「触れた生き物を即死させる」というとんでもない能力がある。人間ではない哪吒や雷震子などは即死しなかったものの毒で戦えなくなるなど、姜子牙たちを苦しめた。

哪吒クンは『封神演義』の独自キャラじゃなくて、もともと中国で信仰されてた少年神なんだって。だからいろんなお話に出てくるけど、強さは作品ごとにまちまち。『西遊記』だと孫悟空と戦ってすぐ負けちゃうしね。

「人間無骨」と日本の名槍

神話の槍、伝説の槍って世界中にたくさんあるんですね。日本にもイザナギ様の「アメノヌボコ」がありますけど、これは戦いに使っていませんよね？ 神話の戦いで活躍した日本の槍で、すごいものって何かないのでしょうか？

ふむ、日本では名のある武器といえばまず刀、次に剣と弓で、名のある槍は神話にはまず出てこんのだ。名のある槍を知りたければ、神話ではなく現実世界に行ってみなさい。例えばこの「人間無骨」という槍はなかなかの業物だぞ。

赤穂大石神社に収蔵されている人間無骨。この時代、武具などの大事なものは同じものを2個作り、片方を「正」、もう片方を「副」と称する習慣があった。赤穂大石神社の伝承によると、この人間無骨は「副」であるという。

骨をも切り裂く「人間無骨」

日本の神話伝説に登場する"名のある武器"は刀や弓が多く、それ以外の武器が活躍することは少ない。だが戦国時代の主力武器だった「槍」のなかには、天下にその名を知らしめた"実在の槍"がある。

左に写真を紹介している「人間無骨」という槍は、左右に枝のような刃が伸びた、漢字の「十」のような形の穂先が特徴で、その切れ味によって名を残した。人間無骨とは"まるで骨がないかのように人体を斬り裂く"という意味なのだ。逸話によれば、この槍の穂先に敵の首を刺し、槍の石突で地面を叩くと、その衝撃だけで穂先が首を貫通し、首が柄まで落ちてきたという。

この槍は、織田信長の小姓「森蘭丸」の実兄であり、"鬼武蔵"の異名で恐れられた武将、森可成の愛槍だ。可成の戦死後も代々森家に伝わり、現在はかつて森家が統治した兵庫県の「赤穂大石神社」に収蔵されている。

余談だが、人間無骨のような十文字槍を作った技術は、槍の需要減少が原因で失われてしまっている。ただし、現代において十文字槍を再現する試みは何度も行われており、近年では岡山の刀匠「赤松伸咲」を中心としたグループが、十文字槍の製法研究と製作を行っている。

「天下三槍」というすごい槍もあるんだそうです！ 日本でもっとも優れた槍だとされる3本で、「日本号」「御手杵」「蜻蛉切」というそうですが……日本号は、朝廷のお役人さんの称号「官位」までもらっているすごい槍なんですよ。

人間以外が官位を授かるのは珍しいことではない。朝廷では官位のない者は宮殿に上がれんのでな、天皇が鑑賞する動物には「従五位」の官位が与えられるのだが……それにしても三位というのは高い。日本号の格の高さがわかろうというものだな。

ギリシャの神々が教える！世界の武器講座

たのも〜う!!
武器を選ぶなら、"ワシ""俺"たちに任せろ〜!!

きゃっ!? なんでいきなりお爺様とお父様が!? ウェルルウちゃん、私のお爺様、ギリシャ神話の最高神「ゼウス」様です！ それにおじさま方まで、いったいなんの騒ぎですの？

おお、パンドラ。すっかり美人になってワシはうれしいぞ。なに、インドの尊いお方が武器を選んでおられると聞いてな。ギリシャの主神として、見つくろってさしあげねばと思ったのじゃ。

オヤジ、抜け駆けはズリィぞ!!
最高神だからって美人をひとりじめしねえって約束したじゃねえか！ オレもラクシュミさんと話させろよ！

ええい、節操なしとバカ息子はすっこんでおれ！
すみませんな、水のように清らかなお方。これも何かのご縁でしょう、ワシが最高の槍をご紹介いたしましょう。

ほんまに大丈夫でっしゃろか……。
ゼウス様女癖悪いし、ヘパ様は独り身こじらせとるし、我が作り主のことながら心配になってきますわ。

「世界の武器講座」では、史実上で実際に使われてきた武器を6つのジャンル（➡ p135）に分類し、それぞれの特徴や使い方を解説します。また、世界中から厳選した実在の武器51本の外見や使い方も紹介します。

世界の武器講座

ギリシャの神々が教える！

わたし恥ずかしながら、武器のことはほとんど知らないのです。
ぜひとも「武器の基本」から教えてくださいませ。
ギリシャ神話の皆様は、過去の戦いで多くの敵を打ち倒したとうかがっております。戦いのエキスパートである皆様のご説明、期待して聞かせていただきますわ。

武器選びのポイントは、こんなところですね！

どんなふうに使う武器なの？

突き刺す、叩く、振り回すなど、武器の使い方は武器のジャンルごとに違います。種類別の武器の基本的な使い方について説明します。

神話ではどのように活躍する？

斧、槍、弓矢など、神話や伝説に武器が登場する場合、種類ごとに似たような特殊能力を持っている傾向があります。その傾向について説明します。

どんなところがスゴイ武器なの？

武器は、長きにわたって改良されてきた、人類の英知の結晶です。武器が高い威力を発揮できる理由、武器の特徴を生かした必殺技などを紹介します。

うむ、最強の神であり無限の知恵を持つギリシャ最高神のワシなら、ラクシュミ殿の疑問にも答えられるとも。落ち着いて話せるように個室を用意しましたぞ。ささ、こちらへ……。

おいオヤジぃ！ ずりいぞ、最高神最高神って言って美人を独り占めしないって約束したじゃねえか。オレにもラクシュミさんと話させろよ。

あーもう、うるさーい！
誰が最初でもいいから、勝手にわーわー話をはじめないでっ！
ちゃんと順番を決めてくださ〜い！

"補足"の解説はブリギッド様におまかせ！

ケルト神話の鍛冶の女神、ブリギッドです。ウェルルゥには剣作りを教えた仲です。
今回はギリシャ神話の神々が、自分が愛用している武器のいいところをアピールしようという主旨のようですが、どうせ彼らのことだから、いいところをアピールするのに必死になって、武器の持つ弱点や細かい定義については目がいかないでしょう。
仕方がありませんので、私ことブリギッドが、武器の定義の説明や、武器を使う上での注意点などについて説明しましょう。それでは皆様、短いあいだですがおつきあい願いますよ。

武器の種類は全5種類!

それでは、5種類の武器をこの順番で解説してもらいまーす。
はいはい、クジで決まった順番なんですから恨みっこなしですよ～。文句があったら幸運の女神のボイベさんに言ってって気がするよ～!

担当:海神ポセイドン

ワシはポセイドン、海の神だ。今回は「槍」という武器の魅力を、美しいラクシュミ殿にお教えしよう。槍は古来から軍隊の主力武器として使われ、神話でも大活躍しておる。ラクシュミ殿が選ぶのにふさわしい武器といえるだろうな。

136ページへ!

担当:戦神アレス

オレ様、戦神アレスが話すのは、「斧」って武器だ。重い刃をブン回して敵をぶったぎる、最高の威力がある武器だぜ。オレみたいなパワーのある戦士が振り回せば山だって斬ってみせらあ。どうよこの筋肉? 触ってもいいぜ?

144ページへ!

担当:鍛冶神ヘパイストス

ギリシャ最高の鍛冶神、ヘパイストスだ。私たち鍛冶師の商売道具でもある「ハンマー」は、きわめて優秀な武器でもある。「棍棒」「ハンマー」というと野暮ったいイメージを持つ人が多いようだが、そのイメージをひっくり返してみせよう。

152ページへ!

担当:太陽神アポロン

僕はアポロン、太陽神にして狩猟の神です。弓や弩といった射出武器は、人類の英知がつまったハイテク武器なんです。聞くところによるとインドには神の弓が多いようですし、ヴィシュヌ様も1組は弓を持ったほうがいいですよ?

158ページへ!

担当:雷神ゼウス

最後のトリはこのワシ、雷神ゼウスがつとめるとしよう。投擲武器とは、使い手の腕の力を使って投げつける武器の総称じゃ。人間たちの歴史では早期に廃れた武器じゃが、われわれ神の力で投げれば、文字どおりの神器となるであろう。

166ページへ!

それでは、最初はポセイドンおじさまからですわね。
いいですか皆さん? 皆さんには武器の紹介をしていただくんですよ。
それ以外の余計なお話は厳禁ですわ～!

次のページから、武器のアピールタイムSTART!

世界の武器講座 — 海神ポセイドン様に聞く！ "槍"

ワシはギリシャ神話において世界の海を支配する海神、ポセイドンだ。今回ワシが「槍」を推薦するのはだな、槍が世界最高の武器であり、ほかならぬワシの武器でもあるからだ。54ページでも紹介しているワシの槍「トライデント」は、ギリシャ神話最強の槍と言って間違いないであろう。無論、ワシ以外の戦の神もたいてい槍を持っておる。戦いに使うなら最良の武器なのだよ。

まあ、そんなに人気のある武器なのですね♪

神話伝承でナンバーワンの人気武器！

神々や英雄が持つ武器といえば、いちばん多いのは「槍」だ。槍がこれほど一般的なのは、昔は戦争といえば槍を持って戦うものだったからだな。戦争の主役は槍であり、剣や斧、棍棒は槍の補助にすぎん。そして弓は優秀な武器だが、一部の特殊技能者にしか扱えん。戦場でもっとも数が多く、もっとも活躍するのは槍なのだ。

本書「神聖武器」の種類別本数ランキング

- 18本 槍・投げ槍
- 11本 金槌・棍棒
- 10本 弓矢
- その他 11本

全体の4割が槍なのですね。ほんとうにすごい人気です♪

全体の約40%が槍！

実は「投げ槍」が多数派!?

神話に登場する槍の大部分は、手に持って突くだけでなく、投げつけて使うことができるのだ。ワシのトライデントもそうだし、なかには投擲専用の槍もあるほどだぞ。使い方が多いのは、ほかの武器に比べて有利な点だろうな。

槍は天空のエネルギー！

神話において槍という武器は、天空から降り注ぐ神の力だと考えられておる。太陽神のもたらす日光、天空からの雷などが槍という姿で表現されるのだ。どうだろうラクシュミ殿、神の武器にふさわしいと納得できたろう？

たとえばこんな"槍"がある！

- トライデント（両用）：地震や洪水を起こす（→p54）
- グングニル（両用）：防御不可能、必中（→p18）
- ルーの槍（投擲）：かならず敵を貫く（→p30）
- ゲイ・ボルグ（投擲）：穂先が分裂する投げ槍（→p38）

と、このような感じじゃ。どう見てもナンバーワン武器は槍だ、もう他の武器を見る意味すらなかろう！

いやいや順番ですから、それにまた神話のお話しかしてないって気がするよ〜、実物の槍の話もしてくださ〜い！

槍には部位ごとに呼び名がある！

むう、仕方ない。では人間たちが使っている槍の紹介もするとしよう。槍は以下のように、部分ごとに細かく名前が決まっておる。これは我ら神々が使う槍の場合でも同じだぞ。

140ページで紹介しているギリシャの槍「サリッサ」を見本に、槍の各部位の呼び名を紹介します。

socket／ソケット（ソケット）
穂先と柄をつなぐ部分で、穂先の中に柄を差し込む形状になっています。

langhet／柄舌（ラングェット／えじた）
敵に穂先を切り落とされないための補強金具です。

spearhead, tip／穂先（スピアヘッド チップ／ほさき）
敵を突き刺す部位。鋭く研がれています。

pole, shaft／柄（ポール シャフト／え）
手に持つ部分です。丈夫で軽い素材が好まれます。

butt／石突（バット／いしづき）
穂先の反対側にある部位。槍の重心を手元に近づけるために重りがつけられたり、鋭い金属部品をつけ、非常時に武器として使うこともあります。

穂先の形のバリエーション

葉状穂先
植物の葉っぱのような形をした穂先です。斬り裂く攻撃に使ったり、側面の出っ張りが引っかかることで、敵の体に槍が刺さりすぎるのを防ぐ効果があります。

三叉槍（みつまたやり）
複数の刺突部位を持つ穂先です。中央の穂先を避けられても別の穂先が刺さる可能性があるため、攻撃が命中しやすくなるというメリットがあります。

槍って刺す武器だと思っていたら、斬り裂く攻撃に使える槍もあるんですね。単純な構造なのに奥が深いですわ。

本書で紹介する"槍"の定義

ここでは、この本で6種類に分類している世界の武器について「どのような武器を●●と呼ぶのか」という定義づけ、区別の基準を説明していきたいと思います。
「槍」に分類されるのは、長い柄を持ち、先端にある穂先で敵を貫くために作られている武器ですね。槍のなかには敵に投げつけるためにバランスを調整したものもありまして、これらの「投げ槍」は投擲武器の一種ともいえます。ですが手持ち武器と投擲武器の両方で使えるものもあり境界線が不明瞭なので、本書では一括して「槍」として扱います。

本書での槍の定義
- おもに鋭い穂先で刺し貫く武器
- 長い柄を持つ

※例外として、本来「投擲武器」である投げ槍も「槍」に含む

137

槍が長いのには理由があるのだ！

槍という武器の特徴は、ほかの武器と比べて平均的に長いことです。
　ではなぜ槍は長いのか……それは、槍が長ければ長いほど穂先が遠くにあるため、相手の武器が自分に届かないような位置から攻撃できて有利だからです。

適度な長さが槍の生命線

　上で説明したとおり、槍が相手の武器より長ければ、相手の武器が届かないところから攻撃できるので有利です。
　ですが、槍があまり長すぎると、重くて持ち上げることができなくなったり、方向転換しにくくなります。また、コンパクトに振り回すことができず攻撃の隙が大きくなります。
　槍の長さは、使い手が片手で持つのか、両手で持つのかによっても違ってきます。槍という武器の長所を生かすためには、目的にあわせた槍の長さを選ぶことが重要です。

槍の長さを比べてみよう！

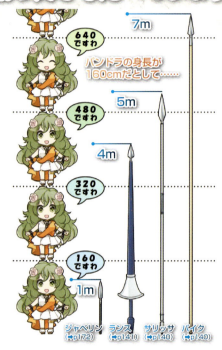

使い道にあわせて、バランスのいい長さを選ぶことが大事なんですね♪

世界の槍の長さ事情

うむ、世界の軍隊では、それぞれ環境や目的にあわせた槍の長さを選択している。人間たちがどんな長さの槍を使っていたのか、調べてみようではないか。

古代ギリシャの歩兵槍は？

古代ギリシャなど地中海沿岸地域では、長槍を持つ歩兵が密集する戦術が流行してな。各国の軍は競うように槍の長さを増しておった。なかには長さ 8m に達するものもあったぞ（→p140）。

ヨーロッパ・アフリカの騎兵槍は？

馬に乗る騎兵は、歩兵ほど長い槍を持つことができません。槍を小脇に抱えて馬を走らせるには、おおむね 3m ～ 5m 程度の長さの槍がちょうど良かったようですね。代表格が 141 ページの「ランス」です。

日本では？

日本は地形の起伏が激しいので、集団戦をする「足軽」の槍は長くても 5.4m ほどの短いものでした。武芸自慢の武将たちは、長さ 2 ～ 3m の「手槍」を振り回して大活躍したそうですよ。

槍の必殺技を教えよう!

槍はただ使うだけでも強力な武器だが、磨き抜かれた技術と組みあわせることで無敵の必殺技を編み出すことができるのだ。人間たちが編み出した、3つの必殺槍戦術を紹介しよう！

歩兵の必殺技！　投げて突進！　ローマ軍団戦術

今から約2000年前、紀元前2世紀から5世紀にかけてのヨーロッパ最強国「ローマ」の戦術です。戦闘に入ると、左のような装備のローマ重装歩兵は2本の投げ槍「ピルム」(➡p143)を投げつけます。この槍は敵の盾に刺さり、重さで盾を使用不能にします。こうして盾を失った敵兵に、盾で体当たりし、剣を突き刺すことで粉砕するのがローマの必勝戦術でした。

ローマ軍団の戦闘法を現代に再現した写真。巨大な盾に隠れて敵の飛び道具を無効化し、投げ槍で一方的に敵を攻撃します。撮影者：Beyond My Ken

騎兵の必殺技！　馬で突撃！　ランスチャージ

槍を使った騎兵の必殺技は「ランスチャージ」です。突撃の威力（運動エネルギー）は「重量×速度の2乗」で決まるため、馬に乗ることで重量も速度も増した騎兵は、大通りを走るトラックのようなものです。威力を穂先に集中させて敵を貫き、歩兵の集団を踏み散らして隊列を破壊します。

突撃の威力は「重量×速度の2乗」なので……

人間の突進だと……
重量＝100kg（人＋鎧）
速度＝20km/h
（マラソンランナー相当）
100kg × (5.6m/s)^2
÷ 2 ＝ **1568J**※

ランスチャージなら……
重量＝1000kg（馬＋人＋鎧）
速度＝60km/h
1000kg × (16.7m/s)^2
÷ 2 ＝ **139445J**※
（※ J＝ジュール＝運動エネルギー）

約89倍の破壊力!!

必殺技封じ！　突進を迎撃！　ヘッジホッグ隊形

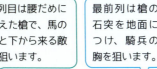

- 3列目は槍を下向きに構え、最前列の槍兵の頭上を守ります。
- 2列目は腰だめに構えた槍で、馬の胸と下から来る敵を狙います。
- 最前列は槍の石突を地面につけ、騎兵の胸を狙います。

無敵を誇るランスチャージを止めたのも、槍の力でした。重装騎兵が猛威を振るった15世紀に開発されたこの戦術では、歩兵に騎兵の槍よりも長い「パイク」(➡p140)を持たせて陣形を組ませ、ハリネズミのような槍ぶすまを作って騎兵を迎え撃ちます。

突撃してきた騎兵は、自分よりも長い槍に貫かれるか、突撃を諦めるかを選ぶことになります。

攻めるも槍、守るも槍、まさに完璧な武器でしょう。もっとくわしく話しますので、今からワシの海底宮殿にでも……。

まあ、ありがとうございます。槍を選ぶことになりましたら、あの方と一緒にお礼にうかがわせていただきますね♪

世界の武器講座
Encycropedia of "Spear"
槍の小事典

このページでは、世界中で実在した「槍」と「投げ槍」に分類される武器のうち、代表的なもの11本をご紹介します。

今回は、投擲武器でもある「投げ槍」を、この「槍の小事典」で紹介するって気がするよ。手持ちの槍か投げ槍なのかは「武器種別」の欄で見分けてね！

Spear List

パイク……………p140	ウイングド・スピア p141	ミリタリーフォーク……p142	アセガイ……………p143
サリッサ…………p140	ダング……………p141	アールシェピース……p142	トライデント………p143
ランス……………p141	パルチザン………p142	ピルム……………p143	

パイク —Pike—

時代／15〜17世紀	武器種別／槍	使用された場所／
長さ／5〜8m	持ち手／両手	ヨーロッパ
重量／3.5〜5kg	攻撃属性／刺	

　馬に乗った騎兵に対抗するために作られた、歩兵用の非常に長い槍です。槍を前に突き出して構えた歩兵を密集させる「槍衾（やりぶすま）」の状態で前進させれば、敵の騎兵の突撃を無効化できる、というわけです。

　また、パイクを持った歩兵どうしの場合は「プッシュ・オブ・パイク」という、敵味方が槍を構えておたがいにぶつかり、同時に剣などの白兵戦武器で戦うという戦法が取られました。ただし重くて長い槍を構えながら陣形を保って移動する必要があるため、パイク兵団は機動力が非常に低く、また弓矢の攻撃に弱いという短所もありました。

　パイクはおもに騎兵の迎撃や歩兵との戦闘に使われましたが、味方の援護や撤退戦の最後尾"しんがり"など、幅広い用途で使える便利な武器でした。軍隊が銃を使うようになったあとも、パイクは銃兵の護衛役として重要な武器でしたが、17世紀ごろ、銃の先端に刃物をつける「銃剣」が発明されると、しだいに戦場から姿を消しました。

サリッサ —Sarissa—

時代／紀元前4世紀	武器種別／槍	使用された場所／
長さ／300〜730cm	持ち手／両手	マケドニア
重量／4.5〜7.0kg	攻撃属性／刺	

　サリッサは、古代ギリシャの英雄、アレクサンドロス大王が率いたマケドニア国の軍隊で、歩兵が使った長槍です。

　当時のギリシャでは、左手に盾、右手に長槍を持った兵士の密集陣形である「ファランクス」戦術が使われていました。アレクサンドロスは装備を改良し、槍を両手で持てるようにして、より長い槍を扱えるようにしました。この槍がサリッサです。サリッサの長さはリーチで優位に立つ反面、兵士の機動性を奪う弱点でもあります。

　サリッサは、柄を金属管で補強することで強度を保っています。石突には鋭い部品がはめられていますが、これは構えたときの安定性を高めるとともに、予備の武器でもあります。

ランス
–Lance–

時代／6〜20世紀	武器種別／槍	使用された場所／
長さ／360〜420cm	持ち手／片手	ヨーロッパ全域
重量／3.5〜4.2kg	攻撃属性／刺	

　ランスは、馬上で使う槍が進化したものです。その原型は、6世紀ごろのフランスで使われたランシアという槍で、騎兵だけでなく歩兵も使っていました。このランシアはしだいに、円錐型の太い柄と、持ち手を守る傘状の鐔「バンプレート」をつけた形に変化し、馬の走る力で敵を突き刺す「ランスチャージ」に特化した槍「ランス」となりました。15世紀以降は全身を鎧に包んだ騎士の標準装備となりましたが、騎兵突撃に特化しているため、乱戦や接近戦には不向きです。

騎乗した騎士どうしの模擬戦である馬上槍試合で使われる穂先、コロネル。王冠のような形で、突き刺さりにくいため比較的安全です。また、試合用のランスはわざと折れやすいように作られていました。

ウィングド・スピア
–Winged spear–

時代／5〜11世紀	武器種別／槍	使用された場所／
長さ／180〜200cm	持ち手／両用	西ヨーロッパ
重量／1.5〜1.8kg	攻撃属性／刺	

　槍の穂先の根元に、横へ突き出した羽根状の突起（ウィング）がついているのが特徴です。この羽根には、槍が敵の身体に深く突き刺さって抜けなくなる現象を防ぐ効果があったといいます。この槍は、現在のドイツやフランス周辺に住んでいた「フランク族」という民族が使い始め、しだいに西ヨーロッパ全土で使われるようになりました。
　ウイングドスピアは、もともとは歩兵用の投げ槍として使われていました。ですがその後、ウイングドスピアは、騎兵の騎馬突撃に使われるようになりました。馬上で扱うウイングド・スピアは、馬の走る力の相乗効果によって非常に高い威力を誇っており、その分だけ刺さり過ぎるのを防ぐ羽根も大きくなっていったといいます。これには突き刺さるだけで十分に致命傷を与えられるため、敵の身体を貫通させる必要がない、という理由もあります。

ダング
–Dang–

時代／12〜18世紀	武器種別／槍	使用された場所／
長さ／210〜360cm	持ち手／各種	チベット
重量／3.0〜4.0kg	攻撃属性／刺	

　ダングは、中国の南西部にあるチベット地方の山岳部族が使っていた槍です。槍の先端には細長い両刃の穂先が取りつけられ、石突も金属製の尖った形になっており、穂先でも石突でも敵を突き刺して攻撃できます。
　柄の部分は硬い木でできていて、ここに金属の帯を螺旋状に巻きつけてあるのがダングの大きな特徴です。この金属帯は、滑り止めとしての役割だけでなく、柄を補強して壊れにくくする効果もあります。高山地方であるチベットでは、槍の柄の材料となる丈夫な木材が貴重品だったため、品質の低い木材を使わざるをえなかったために編み出された苦肉の策として金属での補強を行います。また、柄にはバンドがついていて、移動時はこれを肩にかけて持ち歩きました。
　イラストのダングは歩兵が使うものです。騎兵用のダングは4mと、歩兵の使うものより非常に長く、重くなります。チベットの騎兵はダングを杖のように使って、優雅な身のこなしで馬の背に上がったといいます。

パルチザン
-Partizan,Partisan-

時代／15～17世紀	武器種別／槍	使用された場所／
長さ／150～180cm	持ち手／両手	ヨーロッパ
重量／2.0～2.2kg	攻撃属性／刺斬	

　牛の舌のように幅広い、両刃の穂先を持つ長柄武器です。15世紀の終わりごろ、フランスやイタリアでパルチザン(反体制ゲリラのこと)が用いたため、これがそのまま武器の名前になりました。現在でもパルチザンという単語は、抵抗運動などを指す言葉として使われ続けています。

　はじめ、パルチザンは正式な軍人ではない「非正規軍」の武器としてよく使われていましたが、当時の正規軍が使っていたハルバード(→p150)よりも作りが単純で、軽く使いやすく、敵を貫く力はもちろん斬る力にもに優れていたため、各国の精鋭部隊がこぞって取り入れました。

　雑兵の武器であったパルチザンが精鋭部隊の武器となると、穂先の形状は複雑化し、カエデの葉のような形のものが増えました。また幅広い穂先を利用して、豪華な彫刻や装飾がほどこされたパルチザンが作られました。

ミリタリーフォーク
-Military fork-

時代／10～19世紀	武器種別／槍	使用された場所／
長さ／200～250cm	持ち手／両手	ヨーロッパ
重量／2.2～2.5kg	攻撃属性／刺	

　フォークとは、二叉、または三つ叉の穂先と長い柄を持つ農機具です。おもに小麦や牧草を動かすための道具で、日本の牧場でもよく使われています。つまりこのミリタリーフォークは、この農機具であったフォークを軍事用(ミリタリー)に転用した武器です。穂先の数が多いぶん一般的な槍よりも命中しやすく、また、農機具のフォークを使い慣れた農民たちにとって扱いやすいのが特徴です。

　反乱を起こした農民たちが、農機具のフォークを武器として使ったのがこの武器のはじまりだと言われ、次第に戦闘に使うためのフォークも作られるようになりました。

　二叉の先端を持っているのが最大の特徴で、この幅が広いものは敵を取り押さえる用途にも使えます。

アールシェピース
-Ahlspiess-

時代／15～17世紀	武器種別／槍	使用された場所／
長さ／125～150cm	持ち手／両手	西ヨーロッパ
重量／1.5～2.0kg	攻撃属性／刺	

　アーシェルピースとは、ドイツ語で「突き錐槍」という意味です。全長の半分近くを占めるとても長い穂先は、金属製の鋭い"四角錐"の形になっていて、まさに錐のように敵を突き刺します。穂先の後ろにある大きな鍔は、敵の武器と鍔迫りあいになったときに、所持者の拳を守るためのものです。柄は木製で、なめした皮を螺旋状の模様ができるように巻きつけたものもあります。

　この武器は、全身を板金鎧で包んだ騎士たちが活躍し始めた15世紀のなかごろに、敵の硬い防具を貫くために誕生したものです。おもに重装甲の騎士が馬から下りて、白兵戦を行うときに使われました。特に、ドイツの南東にあるボヘミア地方の兵士に愛用されていました。

　敵を防具ごと串刺しにする貫通力が特徴で、この武器にかかれば、敵の鎖鎧はまったく役に立ちませんでした。

ピルム
-Pilum-

時代／紀元前4世紀～3世紀	武器種別／投げ槍	使用された場所／
長さ／150～200cm	持ち手／片手	共和制ローマ、
重量／1.5～2.5kg	攻撃属性／刺	ローマ帝国

　古代ヨーロッパの最強国家、ローマ帝国の重装歩兵が使用した投げ槍です。木製の柄（え）の先端にふくらんだ部分があり、ここに鉄製の細長い穂先を固定してあります。ローマ軍の重装歩兵は、盾の裏側に数本のピルムを貼りつけ、敵と接近戦に入る直前にこれを投げつけました。投げた槍が命中せず、たとえ盾で防がれてしまっても、敵の盾に突き刺さったピルムは盾を重く扱いづらくさせ、結果としてそれを手放さざるを得なくなります。ローマの重装歩兵は、相手に盾がない有利な状態で接近戦を始められるのです。

　この槍が一般的な投げ槍と違うところは、命中したとき、自分の重さで壊れるよう設計されている点です。細長い穂先は曲がりやすく、柄と穂先の接合部分は、わざとガタつきやすく作られています。こうすることで、投げたピルムが敵に再利用されることを防止しているのです。

アセガイ
-Assegai, Um conto-

時代／？～現在	武器種別／槍、投げ槍	使用された場所／
長さ／120～150cm	持ち手／片手	南アフリカ
重量／0.8～1.0kg	攻撃属性／刺	

　アセガイとは、現在南アフリカ共和国があるアフリカ南端に住んでいた先住民、ズールー族やナグニ族などが使っていた細身の槍に、ヨーロッパ人が与えた名前です。この槍は投げて使いますが、接近戦用の武器としても使用可能です。多くの場合葉っぱのような形をした、細長い楕円形（だえん）の穂先と、木製の柄の組みあわせで作られていましたが、なかには金属製の柄や、刺さると抜きにくくなる"返し"の付いた穂先を持つものもわずかに存在していました。

　アセガイは、1879年に起こった植民地戦争「ズールー戦争」で脚光を浴びました。戦争の序盤、近代兵器で完全武装していたイギリス軍に対して、ズールー族は盾とアセガイ、投擲用の棍棒ノブケリーエ（➡p170）で立ち向かいました。そして一時的にとはいえ、圧倒的な兵器の劣勢をものともせず、イギリス軍を圧倒したのです。

トライデント
-Trident-

時代／？～19世紀	武器種別／槍、投げ槍	使用された場所／
長さ／150～200cm	持ち手／片手	ヨーロッパ
重量／1.6～2.0kg	攻撃属性／刺	

　トライデントは、三つ又（また）の穂先を持つ槍です。もともとは魚を捕るための道具で、その特徴的な形状は、魚に当たりやすいよう穂先を3つに分けて広げたものでした。この構造のため、完全に刺さらなくても、相手を引っ掛けたり、取り押さえることができます。また、トライデントの穂先には魚を捕らえるための返しがついていることが多く、これが引き抜くときに犠牲者の体をさらに傷つけるため、「トライデントでついた傷は治りにくい」と言われています。

　トライデントが正規軍の武器として使われることはめったにありませんでしたが、扱いやすいため、農民兵の武器として広く用いられました。なお、ローマ帝国の闘技場には、剣闘士（グラディエーター）がトライデントと網（あみ）を持って戦う種目がありました。

世界の武器講座 — 戦神アレス様に聞く！"斧"

ちっ、オレ様のエモノは槍だってぇのに、ポセイドンのオジキが槍を持って行っちまった。
まあ、べつに斧でもいいか。オレが使うことはめったにねえけど、部下や子孫が使ってる斧に祝福をくれてやったことはあるしな。軍神のアレス様に紹介された武器なら、なんだって最高の武器ってことになるはずだぜ！

戦神の武器、期待させていただきますわ♪

それは武器であり、道具でもある

神話に神の斧が出てくるのは、別に珍しいことじゃねえ。ただ「特別な力を持っている」斧はググっと少なくなりやがる。「決まった名前を持ってる斧」となるともっと少なくなるんだよ。

軍神の武器
戦争の神である軍神は、しばしばほかの種類の武器といっしょに「斧」を持っています。斧はその神が軍事の守護者であることを示す目印だと言えます。

……つまり斧というのは、神様にはあんまり人気がない武器なんですのね。

神話・信仰での"斧"の意味

道具
斧の重要な役目は「樹を伐採して、人間の住める場所を広げること」です。そのため樹を引き裂く落雷は、神が斧を投げたと解釈されます。

人に死を与える
神が地上に住む人間に死を命じるときは、斧によって命を刈り取るとされています。つまり斧は神に与えられた死のシンボルマークなのです。

う、うるせえな！ 今はオレ様がこの娘に話してるんだよ、横からいらねえ口をはさむんじゃねえ！

将軍が持つ軍権を示す武器

たしかに名のある斧を持ってる神は、槍を持ってる神と比べると少ねえよ。でもな、人間の軍人は斧を大事にしてんだぜ！
たとえば古い時代の軍隊じゃ、軍隊の総司令官は、偉いやつに斧を授かるもんなんだよ。この斧を持ってるやつが軍隊のボスなんだ！

ローマでは……
古代ローマの軍隊では、将軍位の証明として「ビペンニス」（➡ p149）という斧が与えられました。

中国では……
皇帝は将軍に、軍規を犯した者を処刑する権限を与え、その証明として「鉞」という大斧を与えました。

斧は"神の雷"を意味する武器

世界の神話において、雷を降らせる神は、武器として斧を持つ傾向があります。なぜ"雷＝斧"なのか？ その理由は80ページのコラムで紹介します。

……あら、アレス様、その手に持っていらっしゃる紙はなんでしょう？

これか？ カンペだよカンペ。母ちゃんがくれたんだ。まあ任せときな、バッチリ説明するからよ！

へぇ、こんな名前もあるのかよ、斧？

なんか、部分ごとに細かく名前がついてるらしいぜ。めんどくせえ、斧は斧でいいんじゃねーかと思うんだけどな。ま、興味があるなら見て行ってくれよ。

斧のなかには、柄から垂直に分厚い刃がついている標準的な「斧」のほかに、刃だけでなく鋭い穂先もついていて、斧と槍の両方の性質を持っている「斧槍」と呼ばれる種類があります。上が標準的な斧、下が斧槍です。

blade, bit／刃先（はさき）
鋭く研がれた部分。この部分で敵を叩き切ります。

spike／穂先（ほさき）
敵を突き刺す攻撃に使用します。

fluke／鉤爪（かぎづめ）
敵を引っかける攻撃に使用します。

pole, haft, socket／柄（え）
この部分を手で握って振り回します。

head／斧頭（おのがしら）
おもに金属で作られる、斧の本体部分です。

butt／石突（いしづき）
柄の末端部のうち、持ち主の体に近い方です。

langhet／柄舌（えじた）
斧頭から伸びた金属部品。敵の攻撃から柄を防護します。

斧って、左上にあるような武器だと思ってましたけど、ずいぶん複雑な形をしたものもあるんですのね。叩き切る以外にもいろいろ使えそうですし、どう扱うのかとっても興味がありますわ！

本書で紹介する"斧"の定義

斧という武器は定義が難しい武器ですね。一般的には、長い棒の先端に、太くて厚い刃がついたものを「斧」だとイメージするでしょう。ですが長い柄の先端に剣や刀のような刃がついた、例えば日本で言う「なぎなた」のような武器は、どう分類すればよいのかという問題があります。西洋ではこれらを分類することを放棄して、長い柄を持つ武器はなんでも「ポール・ウェポン（長柄武器）」と呼ぶという見方もあるほどです。……ひとまず本書では、「長い柄に斬り裂く刃がついていたら、もれなく斧である」ということにしておきましょう。

本書での斧の定義
・刃によって斬り裂く武器である
・刃が柄の先端部から横についている

ブッタ斬るには斧がサイコーだな!

人類がはじめて使った「斧」には、長い柄がついていませんでした。右の写真にあるような「握斧」で、木材を斬り砕いて生活に利用していたのです。ですが人類はやがて、「握斧」に長い柄をつけて振ると、スピードが上がり、威力が増すことに気づきます。それは今から8000年以上前のことでした。

それ以来、柄のついた「斧」は、基本的な形状をまったく変えることなく、便利な道具として現代まで使われ続けています。斧の持つ長所と短所は以下のとおりです。

柄についた斧と違い、太いほうを握り、細い方を叩きつけます。

斧の長所
誰でも使えて高威力!

斧ってのは人間なら誰でも使う工具だからよ、使い方を教えなくても使えるんだよ。だからそのへんの農民を引っ張ってきて斧を持たせれば即席兵隊のできあがりだ。

それでいて、斧はブン回せば衝撃はでけえし、刃がついてるからズブっと食い込むわな。誰でも使えてダメージがでかいから、武器に向いてるってわけだ。

斧の弱点
小回りがきかない

まあ、なんにでもよいところばっかりじゃねえ。斧はとにかく先っぽの部分が重いからな、一回振り始めると振り終わるまで軌道が変えられねえから、当てるのは難しいし、外すとスキがでけえんだ。オレ様くらいパワフルなら、ちょっと重くても素手と同じように振り回せるけど、弱っちい人間が自由自在にブン回すのは厳しいだろうな。

まあとにかく、斧は威力が命の武器だってことよ!
オレ様が振り回せば山だって余裕でブッタ斬れるぜ。
人間が使っても……鉄の鎧をブチ抜くくらいはいけるんじゃねえか?

まあ、それは大変です。
地球より大きなヴィシュヌ様が全力で斧を振ったら、いったい何が斬れてしまうのでしょうか?

馬乗りどもも使ってたらしいぜ?

14世紀ごろから、ヨーロッパの騎士たちは、徐々に全身を金属板で覆う「プレートアーマー」を身につけるようになっていきます。これは非常に強固な防具で、剣や槍の攻撃を弾いてしまいます。そこで脚光を浴びたのが「斧」なのです。

馬に乗っている騎士が、接近戦で金属鎧の騎士と戦うとき、片手は馬の手綱を握らなければいけないので、武器を持てるのは反対側の手だけです。そこで、片手持ちでも威力が高く、鎧を打ち壊すことができる片手用の「騎兵斧」(➡p148)が、騎士の武器としてもてはやされるようになりました。

酒の害との戦いをアピールする1874年のポスター。騎兵が斧を持つというイメージは、風刺画の題材になるくらい一般的なものでした。

"斧槍"ってのが強えんだとよ

> ん、なんだこの妙ちくりんな武器は？
> ……へぇ、これも斧なのかよ。たしかにこの形なら、いろんなことに使えそうじゃねえか。

斧槍とは、長い柄の先端に、斧だけではなく敵を突き刺す「槍」など、複数の武器の要素を詰め込んだ武器です。その代表格が、右の写真で紹介している「ハルバード」（→p150）という武器です。

ハルバードは複数の武器の要素を組みあわせて作られており、3つの攻撃方法を選ぶことができます。そのかわり有効に扱うためには熟練が必要で、プロの兵士にしか使いこなせないエリート用の武器でした。

引っかける！
斧刃のうしろの部分はカギ状のパーツになっています。この部分は、馬に乗っている騎士の鎧にカギをひっかけ、馬から引きずり下ろすために有効です。

突き刺す！
先端の尖った部分は鋭く研がれており、これで敵を突き刺す攻撃ができます。突撃してくる敵へのカウンター攻撃として高い効果があります。

叩き切る！
通常の斧と同じく、重さで叩き切るための刃がついています。ハルバードの長さは2〜3mほどあるので、これを振り回して叩きつければ金属鎧もただでは済みません。

> まあ、斧に大事なのは、とにかく使う奴のパワーが必要だってことよ。こんなふうにな。(筋肉ピクピク)

> まあ、それならば、私の旦那様なら申し分ありませんわね。斧の魅力、よくわかりましたわアレス様。

斧の亜種"グレイヴ"と"サイズ"

145ページで少し話しましたが、「長い柄に、刃がついた武器」には右のようなものもあります。一般的な斧の形状とはだいぶ違いますけれど、これも斧の亜種だと言っていいでしょう。

どちらの武器でも重要なのは、「長い柄を振り回すことで先端部分のスピードを上げ、高い運動エネルギーを持たせて叩きつける」ことにあります。グレイヴは遠くの敵を斬ること、サイズはそれより近い敵を切ることを狙うという違いはありますが、より威力の高い攻撃を繰り出したいという目的は、斧のコンセプトと同じものですね。

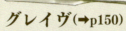

グレイヴ（→p150）
木製の長い柄の先端に、包丁のような刃をつけた武器です。斬り裂く攻撃で本領を発揮しますが、先端が鋭く作られたものは突き刺す攻撃に使うこともできます。

サイズ（→p151）
一般的な斧とは違い、刃がカーブの内側についているのが特徴です。刃の範囲内にとらえた敵をなぎ払うように攻撃し、特に敵の足を狙った攻撃を得意とします。

世界の武器講座
Encycropedia of "Axe"
斧の小事典

通常の「斧」のほかに、斧と槍を組みあわせた「斧槍」、長い柄と敵を斬る機能がある「長柄武器」を紹介します。

斧っぽくない見た目でも、重さで斬る武器はぜんぶ「斧」扱いなのだそうですけどぉっ、お、おもくてちゃんと振れませぇん！

Axe List

バトルアックス……p148	アクゥー……p149	グレイヴ……p150	ブランディストッコ／
ホースマンズ・アックス p148	ブージ……p149	ギサルメ……p150	（ブランドエストック）…p151
ビペンニス／ファスケス p149	ハルバード……p150	サイズ……p151	ヘッドアックス……p151

バトルアックス
–Battle axe–

時代／6〜18世紀	武器種別／斧	使用された場所／
長さ／60〜150cm	持ち手／各種	ヨーロッパ
重量／0.5〜3.0kg	攻撃属性／斬	

　広い意味でのバトルアックスとは、戦闘用に作られた斧の総称です。つまり戦闘用に作られた斧なら、どんなものでも「バトルアックス」に含まれます。
　より狭い意味でのバトルアックスは、ヨーロッパで使われた、片刃もしくは両刃の戦闘用斧を指します。斧頭は重く作られており、重さと刃の鋭さによって、敵に致命的な傷を与えることを目的としています。
　バトルアックスの使い手としてもっとも有名なのは、北欧の海賊「ヴァイキング」たちです。彼らはさまざまな武器を使いましたが、バトルアックスは特に猛威を振るいました。

ホースマンズ・アックス
–Horsemans axe–

時代／6〜18世紀	武器種別／斧	使用された場所／
長さ／60〜150cm	持ち手／片手	ヨーロッパ
重量／0.5〜3.0kg	攻撃属性／斬	

　バトルアックスは時代が進むにつれて、さまざまな形態に進化しています。歩兵用のバトルアックスを改良し、馬に乗っていても片手で扱えるように改良されたのが、このホースマンズ・アックスです。この騎兵用のバトルアックスは、不安定な馬上でも片手で振り回せるよう、そのほとんどは比較的小さく、短めに作られています。この武器が使われたのは全身板金鎧の全盛期であり、ホースマンズ・アックスは鎧の金属板を貫ける数少ない片手武器として人気がありました。

ビペンニス／ファスケス
-Bipennis/Fascis-

時代／紀元前7世紀～5世紀	武器種別／斧	使用された場所／
長さ／50～70cm	持ち手／片手	エトルリア、
重量／0.8～1.2kg	攻撃属性／斬	古代ローマ

　ビペンニスは、ローマ帝国がまだ数都市を領有するだけの小国だったころに、隣国エトルリアで使われていた両刃の斧です。斧の柄のまわりに数本の棒が巻きつけられており、重さで打撃力を高めています。この斧は、エトルリア軍の司令官が、地位の象徴として携帯していたものでした。

　のちにエトルリア人に勝ってイタリア半島を支配したローマ人は、ビペンニスの「権威の象徴」という部分を受け継ぎ、将軍や高位の役人にこれを持たせました。ローマではこの武器を「ファスケス」と呼びました。のちに下のように棒の束から片刃の斧刃が出ているようなものも作られました。

アクゥー
-Aqhu-

時代／紀元前20～紀元前5世紀	武器種別／斧	使用された場所／
長さ／70～100cm	持ち手／両手？	エジプト、中近東、
重量／1.5～1.8kg	攻撃属性／斬	インド

　アクゥーは、エジプト、中近東、インドなどで古い時代に使われた、幅広の斧です。斧の刃の部分がギリシャ文字の「ε（イプシロン）」に似ているため、ヨーロッパの研究者はイプシロン・アックスと呼んでいます。

　斧の刃には穴が開いており、この穴にひもを通して、柄になる木の棒と連結させる、という独特の構造をしています。

　後世になると刃の幅は徐々に狭くなり、バトルアックスのような戦闘用斧の原型になりました。

　アクゥーは刃が広く攻撃が当てやすいという長所以上に、弱点が目立ちました。それは柄が短いことと、重くて扱いにくいことです。そのため槍兵による密集陣形に対抗できず、次第に使われなくなっていきました。

ブージ
-Bhuj.Kutti-

時代／16～19世紀	武器種別／斧	使用された場所／
長さ／40～70cm	持ち手／片手	インド
重量／1.0～2.0kg	攻撃属性／斬刺	

　ブージは、北部インドのシンダ地方で騎兵士官が用いた斧の一種です。当初、縦長の斧刃が象牙で作られていることから「エレファント・ナイフ」とも呼ばれます。刃の部分が非常に重く、威力の高い斬撃で相手を打ち倒します。エリート用の武器だけあって金メッキなどで美しく装飾されたものが多く、美術品としても高く評価されています。

　ブージの柄は金属製のパイプでできており、柄頭の部分をねじると、30cmほどの長さの突き刺す短剣が出てきます。これは本来隠し武器として仕込まれたものですが、実際には日常用のナイフとして使われることが多かったようです。

▲柄頭に仕込まれている短剣。柄頭から外すとこのようになります。

ハルバード
—Halbert, Halbard, Halberd—

時代	15～19世紀	武器種別	斧槍	使用された場所	ヨーロッパ
長さ	200～350cm	持ち手	両手		
重量	2.5～3.5kg	攻撃属性	斬刺打		

　ハルバードはスイス生まれの斧槍で、歩兵とも騎兵とも戦える万能武器です。ハルバードに取りつけられた斧刃は、当時猛威を振るっていた、全身鎧の騎士と戦うのに適していました。15～16世紀のヨーロッパ諸国で、ハルバードまたはそれに似た長柄武器を持たない軍隊はなかったほどです。

　ただしハルバードは取り扱いが非常に難しいため、一部の精鋭兵士や、城や宮殿の警備兵のための武器になりました。

▲上は後期型の穂先。スパイクの横に斧刃とかぎ爪を取りつけたような構造で、初期型（下）よりも突き刺す力を重視しています。

グレイヴ
—Glaive, Couse—

時代	12～17世紀	武器種別	長柄	使用された場所	ヨーロッパ
長さ	200～250cm	持ち手	両手		
重量	2.0～2.5kg	攻撃属性	斬刺		

　ヨーロッパ各地で使われた武器「グレイヴ」は、幅が広い、片刃の刃物を長い柄の先端に取りつけた、シンプルな構造の武器です。日本の武器に例えるなら「なぎなた」が近いでしょう。使い方も日本のなぎなたと同じで、刃で切り裂いたり、先端部分で突き刺すことで敵を攻撃します。

　グレイヴの成り立ちには、いくつもの説があります。長い柄に片刃の曲刀ファルシオンを取りつけて作られたという説や、スイスやフランスで使われた武器「ヴォウジェ」の進化形である、サイズ（➡p151）の改良型という説もあります。

　グレイヴの弱点は、敵の攻撃を受け流すための構造がまったくないため、防御力に難があることです。このためグレイヴに敵の攻撃を受け止めるカギ状の部品を取りつけ、防御力を高めた「フォシャール」という武器が開発されました。

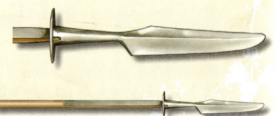

ギサルメ
—Guisarme, Gisharme, Gesa, Jasarme—

時代	11～15世紀	武器種別	長柄	使用された場所	ヨーロッパ
長さ	250～300cm	持ち手	両手		
重量	2.5～3.0kg	攻撃属性	刺掛斬		

　ギサルメは、複数の攻撃方法を扱う武器のなかでも古い時代から使われていたものです。切り裂くための刃と、引っかけるためのカギを組みあわせた構造になっています。その形状は「ふたつの斧とひとつの剣」と呼ばれる複雑なもので、多くのバリエーションがあります。共通しているのは、ハルバードなどよりも穂先全体が細身だということです。

　ギサルメの語源は、古いドイツ語の草（ゲタン）と鉄（イサーム）を組みあわせたものだとされています。ですが、この武器がおもに用いられたのはイギリスでした。13世紀ごろになると、イギリスではギサルメを単純化したような構造の「ビル」がギサルメに取って代わりました。ただし、ギサルメとビルのどちらが先に発明されたのかは不明です。

サイズ
-Scythe-

時代／16〜20世紀	武器種別／長柄	使用された場所／
長さ／200〜250cm	持ち手／両手	ポーランド
重量／2.2〜2.5kg	攻撃属性／斬	

　サイズと言えば、柄から刃が直角に生えた、いわゆる"鎌"の形をイメージするかと思います。ヨーロッパで作物収穫、草刈り用の農具として使われているサイズは、たしかにそれに近い形をしているのですが、農民の自衛用武器として使われるサイズは、刃が、柄の横ではなく先端からまっすぐに取り付けられています。その形状は日本の武器「なぎなた」によく似ています。

　サイズは両手で握り、振り回して使う武器です。敵の兵士に叩きつけて斬ったり、近寄ってくる馬の足を切りつけて、馬上の騎士を落馬させるために使われました。

　最近では1863年に、東欧の国ポーランドの人々が、当時の支配者であったロシア帝国軍に対して武装蜂起を起こした事件「1月蜂起」において、サイズを持ったポーランド義勇兵が大活躍しています。

ブランディストッコ（ブランドエストック）
-Brandistocco,Brandestocs-

時代／15〜17世紀	武器種別／斧槍	使用された場所／
長さ／150〜200cm	持ち手／両手	イタリア
重量／1.0〜2.0kg	攻撃属性／斬刺	

　イタリア北部のロンバルディア地方で発明された、特殊な構造の斧槍です。英語ではブランドエストックと読みます。

　ふだんはバトルアックスのような外見ですが、柄の中には50〜100cm程度の鋭く長い剣が仕込まれています。仕掛けを操作してから振ると、この剣が飛び出して留め金で固定され、突き刺し用の武器としても使えるようになります。この仕組みは敵の不意を突くために利用されました。

　似たような仕込み武器に「フェザースタッフ」があります。これは2本の細い刃が斜めに飛び出し、敵の攻撃を受け止められる構造になっています。

▲▼上が変形前、下が変形後の姿。

ヘッドアックス
-Head axe,Kalinga-

時代／15世紀〜19世紀？	武器種別／斧	使用された場所／
長さ／45〜65cm	持ち手／各種	フィリピン
重量／1.5〜2.5kg	攻撃属性／斬	

　日本とオーストラリアの中間に位置する群島国家「フィリピン」で最大の島、ルソン島の部族が使用していた、独特の形状を持つ斧です。ヘッドアックスとは欧米人による呼び名で、現地ではこの斧を扱う部族の名前を取って「カリンガ」とも呼ばれています。この地域にはかつて首狩りの習慣があり、ヘッドアックスは人の首を落とすために、幅広で重い斧頭を持っていました。

　ヘッドアックスには、刃の反対側に鋭い突起があります。これは突起部分を地面に刺して固定し、切りたいものを手に持って刃に当てれば、安全に扱えるという工夫です。

世界の武器講座 — 鍛冶神ヘパイストス様に聞く！

"槌"

ギリシャ神話の世界で鍛冶神をやっている、ヘパイストスという者です。美しい女神様に会えて光栄だ。ワシが紹介させてもらうのはこの武器……そう、ハンマーだ。材質に応じて「金槌」「木槌」などとも呼ぶから、ここではひっくるめて「槌」と呼ばせてもらおう。ハンマーというと工具のイメージがあるかもしれんが、実は武器としても非常に優秀なのだよ。

まあ、木槌やカナヅチも武器になるのですね？

武器の起源が示す純粋な"力"

"槌"は人類最古の武器だ。おそらく、地面に落ちている木の棒を手に持って、敵を殴ったのが最初だろう。持ち手の力に応じてダメージを与える"槌"は、純粋な力のシンボルだといえる。泥臭いイメージがあるかもしれんが、古代の神話では主神や英雄も棍棒を持っているぞ。ヴィシュヌ殿にふさわしい、格調高い武器なのだ。

たとえばこんな"棍棒"がある！

- **ヘラクレスの棍棒**：英雄の怪力に耐える頑丈な棍棒
- **ヤグルシ＆アイムール**：追尾性能を持つ（➡ p82）
- **シタ＆ミトゥム**：女神とともに生まれた武器（➡ p84）
- **如意金箍棒**：伸縮自在、驚異的重量（➡ p128）

"武器"の枠を越えた超常能力！

神や英雄が持つ"槌"は、ただの武器ではなく、特別な力を持っているものが非常に多いのだ。能力のなかには戦闘にまったく関係のないものもある。いわば「魔法の杖」と「武器」が一体化したようなものだと言えばわかりやすいだろうかな？

キリスト教では司教の武器

キリスト教の聖職者「司教」は、戒律で血を流すことを禁じられている。だから司教が戦うときは、相手から血が出ない"槌"を武器にしたのだ。近年のファンタジー作品で僧侶が槌を武器にするのは、ここから来ているのだよ。

アメリカ合衆国陸軍の医療隊が使用している部隊章。1902年から、死者を蘇らせる魔法の杖として知られる「カドゥケウス」の意匠が取り入れられている。

お父様ってばずいぶん熱心ですのね。いつもはお客様にも無愛想なのに……やっぱり美人相手は違いますの？

そ、そんな目で見るんじゃないパンドラぁ！
いいじゃないか、独身男が夢を見てもいいじゃないか！

"槌"の各部位はこう呼ぶんだ！

"槌"はシンプルな構造の武器だが、それでも部位ごとに名前がついているのはほかの武器と同じだな。部位の名前は、通常の棍棒と「連接棍棒」で違いがあるぞ。

flinge／出縁（フリンジ／でぶち）

金属製の棍棒によく見られる、羽根状の金属板。敵の鎧と柄頭が接触する面積を減らし、衝撃を１点に集中させる効果があります。

通常の棍棒

握りから打撃部分まで、動く部品がどこにもない、一般的な棍棒の場合の部位名です。

pole, shaft, socket／柄（ポール、シャフト、ソケット）

槌のうち、柄頭や殻物以外の部分の呼び名です。

head／柄頭、殻物（ヘッド／えがしら、からもの）

大きく重い棍棒の先端部分。日本では連接棍棒のヘッド部分を特に"殻物"と呼びます。

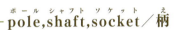

hinge, chain／継手（ヒンジ、チェイン／つぎて）

連接棍棒において、殻物と柄をつなぐ部品のことです。

連接棍棒

複数の部品を鎖などでつなぎ、握り以外の部分が動く棍棒「連接棍棒」の部位名です。

spike／棘（スパイク／とげ）

槌の柄頭や殻物には、敵の鎧との接触面積を減らして衝撃を一点集中させるため、このような棘がついていることがあります。

うわぁ、トゲトゲ……こんなので殴られたら痛いどころじゃすまないですわね。棍棒ってもっとゴツゴツしたイメージがありましたけど、こんな尖ったものもあるんですね……。意外でしたわ。

本書で紹介する"槌"の定義

斧や槍のような鋭い刃ではなく、重さとスピードから生まれる「運動エネルギー」、すなわち衝撃をたたきつけるのが「槌」という武器です。

上の解説でも書かれていますが、槌という武器には、2つ以上の可動部分がある「連接棍棒」と、可動部分がない普通の棍棒というバリエーションがあります。可動部分がない棍棒の場合でも、材質の違いによって細かく種類が分かれますが……そのあたりは専門家のヘパイストス様が説明してくださるでしょうから、おまかせするとしましょうか。

本書での槌の定義
- 刃ではなく衝撃でダメージを与える
- 可動部品があるものは「連接棍棒」と呼ぶ

"槌"はシンプルなのが魅力だ!

何度でも言わせてもらいますがね、槌というのはシンプルなのが魅力です。だからこそ便利で、奥が深い武器なんですな。

槌の魅力① 作るのが簡単!

剣や斧、槍を作るためには、鍛冶師が炉を使って金属を加工しなければいけません。

しかし棍棒は、数ある武器のジャンルのなかでも、特に「自分だけの力で」手に入れやすい武器だといえます。そのため、武器が必要になったときに入手が容易なのです。

"材料"が自由!

多くの武器は、木材と、貴重品の金属の組みあわせで作られていますが、槌は木だけ、木がなければ骨だけなど、その場にある材料で作ることができます。

道具が最小限!

構造が単純な棍棒の多くは、加工するための特別な工具や工房が必要ありません、そのため材料さあえば、いつでも武器を手にすることができます。

槌の魅力② 使いやすくて威力が高い!

武器は、誰にでも使いやすく、敵に多くのダメージを与えるものでなければいけません。敵が鎧を着ていない場合、棍棒よりも「剣」など刃のある武器のほうが効果的に敵を殺傷できますが、一定の条件下では棍棒のほうが有効な武器となります。

金属鎧の天敵!

敵が分厚い鎧を着ていると、刃のある武器は鎧に弾かれ無効化されてしまいます。しかし槌ならば、衝撃を鎧の中まで浸透させて殺傷できます。

誰にでも使える!

刃のある武器を有効に使うには、敵の体に垂直に刃を当てるという高等技術が必要です。ですが槌ならば、どの角度で当たっても有効な打撃になります。

棍棒の種類は5つに分かれる

棍棒は世界各地で、さまざまな材料を使って作られました。この本では、武器の研究書として世界的に有名な《武器 歴史、形、用法、威力》(マール社)の記述にならい、棍棒を5つの種類に分類しています。

単体棍棒: 一種類の素材だけを使って作られている棍棒です。素材に使われるのはおもに木、石、大型動物の骨などです。

合成棍棒: ふたつ以上の素材を組みあわせて作る棍棒。先端部に硬くて重い金属や石など、柄の部分に木材を使うのが多数派です。

全金属棍棒: 全体を金属で作った、重くて強力な棍棒です。威力を増すために、棘や羽根がついているものが多く見られます。

連接棍棒: 殻物と柄の部分が、鎖、縄、金属環などでつながり、独立して動くようになっている棍棒です。

職杖: 戦闘用に使うものではなく、持ち主の地位や権力をあらわすために、美しく装飾された儀式用の棍棒です。

連接棍棒もいいんじゃないか？

お父様、この連接棍棒というのは、なんで部品がバラバラになっているのです？ フラフラして使いにくそうですし、振った人の力がちゃんと伝わらないように見えますわ。

もちろん、バラバラのほうが強いからそうなっているのだ。
……なあパンドラ、ワシはラクシュミ様とお話をしにきたのだが……もうすこしラクシュミ様と話させてはもらえんかな……。

棍棒を2つ以上の部品に分けてつなぎ「連接棍棒」にすると、通常の棍棒と比較したとき、大きく分けてふたつの有利な点があります。

魅力① 威力が上がる！

槌を連接棍棒にすると、先端の「殻物（からもの）」の部分が腕の動きという制約から解放され、通常の棍棒よりも大幅に速いスピードで動きます。そのため殻物が敵に当たったときの衝撃が増し、威力が高くなるのです。

魅力② 防御されにくくなる！

通常の棍棒を防御する場合、柄の部分を受け止めれば柄頭は防御した側に当たりませんが、連接棍棒だと柄の動きを止めても、独自に動く殻物が防御した側に当たることがあります。そのため連接棍棒は、非常に防御しづらいのです。

連接棍棒の威力が高い理由

単体棍棒 遅

見てみなさい。単体棍棒の場合、柄頭の動きが手の動きに連動するから、あまりスピードが出ないのがわかるだろう。

連接棍棒 速

連接棍棒、鎖でつながれた「殻物」が、ただの棍棒より大きく速く動いてますわ。速いぶん威力が大きいってことなのね！

職人の神のプライドにかけて、どんな希望にもお応えします。
奥様、ぜひワシの工房にいらしてくださいよ。

すみませんが遠慮させていただきます。あの方に「職人の仕事を邪魔してはいけない」と教えられていますから♪

硬くない槌 "ブラックジャック"

「槌」、ハンマーといえば、重くて硬いもので殴りつける武器だと思うのが普通でしょうね。ですが「槌」に分類される武器のなかには、まったく硬くない武器もあるのですよ。それが「ブラックジャック」「サップ」などと呼ばれる武器です。

この武器は、丈夫な袋の中に、コインや砂のような流動性のある固体を詰めこんで、棒状に絞り上げたものです。これで殴ると重い物が当たった衝撃で体内にダメージを与えますが、表面が柔らかいため皮膚が裂けず、外傷が残りにくいという特徴があります。

ちなみにこの武器は神話伝承にも出てきますよ。ロシアの物語『ブィリーナ』の英雄ドブルイニャが、帽子の中に川砂を詰めたものをブラックジャックのように使って、襲ってきた竜を返り討ちにしています。

槌の小事典

Encycropedia of "club"

世界の武器講座

このページで紹介している6種類の槌は、154ページで紹介した、槌の"5つの種類"にしたがって分類されています。

「槌」の種類は、154ページで紹介した5つの分類を見てくださいませ……せーの、えいっ！（ドカッ）　やりました！　大当たりですわ♪

Club List

メイス	p156	クォータースタッフ	p157
ウォーハンマー	p156	モーニングスター／	
フレイル	p157	ボール・アンド・チェイン	p157

メイス －Mace－

時代／紀元前20世紀〜17世紀	武器種別／全金属棍棒	使用された場所／
長さ／30〜80cm	持ち手／片手	ヨーロッパほか
重量／2.0〜3.0kg	攻撃属性／叩	

　メイスは、日本語では「槌矛」とも訳される「敵を殴打する先端部分を重くした棍棒」の総称で、世界各地で使われています。ただしこの「メイス」という名前は、一般的にはもっと狭い意味で使われます。

　狭義の「メイス」は、ヨーロッパの騎士などが使った、金属製の棒に金属製の打撃部がついたものを指します。おもにドイツやイタリアなどで発達し、全身を鋼鉄の鎧で固めた騎士を打ち倒すために使われました。剣や槍での攻撃が通用しなくとも、メイスで殴りつければ、鎧の上から衝撃によるダメージが与えられるからです。頭部の形状はより効果的に衝撃を与えるべく、さまざまな工夫が凝らされています。

ウォーハンマー －War hammer－

時代／13〜17世紀	武器種別／合成棍棒	使用された場所／
長さ／50〜200cm	持ち手／各種	ヨーロッパ
重量／1.5〜3.5kg	攻撃属性／叩刺	

　ウォーハンマーは、その名のとおり戦闘用のハンマーです。柄の先端に、柄とは直角の角度で才槌頭という部品がついています。才槌頭の形は、片側は平たく、反対側は尖ったカギ爪になっているものが多いようです。また、柄の先端に、突き刺すための穂先が取りつけられているものもあります。

　ウォーハンマーは、剣や槍などが通用しない、頑丈な金属鎧を着込んだ敵と戦うために作られた武器です。鎧に守られた敵を平たいところで叩けば、少なくとも鎧はへこみ、相手は衝撃でダメージを受けます。また尖っている方を当てれば、鎧を貫くことも難しくありません。

フレイル
-Flail-

時代／14～20世紀	武器種別／連接棍棒	使用された場所／
長さ／30～200cm	持ち手／各種	ヨーロッパ
重量／1.0～3.5kg	攻撃属性／叩	

　フレイルは、長い柄の先端に、ひもや鎖で「殻物」と呼ばれる短い棒を繋いだ連接棍棒です。柄を振り回し、殻物を敵に当てて攻撃します。威力を増すため、殻物にトゲをつけたり、金属で補強して重くしたものがよく見られます。

　もともとは農機具を武器に転用したもので、本来は、小麦などの殻物の実をこれで叩いて、殻を壊して実だけを取り出す「脱殻」をするための道具でした。

　フレイルによる攻撃は鎧を着た相手にも非常に効果的で、両手で扱う歩兵用のフレイルがよく見られます。軽量化した片手用のフレイルは騎兵に愛用されました。殻物が柔軟に動くため防御しにくいという長所がありますが、扱いは非常に難しく、操作を誤ると味方や自分自身に被害が及びます。

クォータースタッフ
-Quarter staff-

時代／10～19世紀	武器種別／単体棍棒	使用された場所／
長さ／200～300cm	持ち手／両手	ヨーロッパ
重量／0.8～1.2kg	攻撃属性／叩	

　棍棒の一種で、身長と同じ～身長の倍程度までの長さのまっすぐな棒です。素材としては固い樫の木が好まれました。名前の由来には「身長＋身長の1/4（quarter）の長さ」が最適だからこう呼ばれたという説や、相手を殺さずに倒せるため、敵に情けをかけるという慣用句 "givig quarter" が元であるなど、いくつかの説があります。

　振り下ろして敵を打ち、長さを生かして突くという単純な用法に加え、軽く、製造費用も安いという便利な武器です。そのため旅行者が杖を兼ねて持ち歩いたり、農民出身の兵隊が簡易武器として使用しました。イギリスでは、クォータースタッフを用いた杖術が発達しており、熟練者は、金属製の剣や槍を相手にしても十分に渡りあえたそうです。

モーニングスター／ボール・アンド・チェイン
-Morningstar.morgenstern/ball&chain-

時代／13～17世紀	武器種別／全金属棍棒、連接棍棒	使用された場所／
長さ／50～80cm	持ち手／片手	ヨーロッパ
重量／2.0～2.5kg	攻撃属性／叩	

　金属の棘が生えた鉄球で敵を殴りつける棍棒です。鎖のない全金属棍棒をモーニングスター、連接棍棒をボール・アンド・チェインと呼ぶのが正式な名前ですが、鎖のついているほうもモーニングスターと呼ぶことがあります。

　このように棍棒の先端に棘が生えていると、金属球の芯が当たらなくても損害を与えられるという利点があります。そのため騎兵など、正確な狙いをつけにくい走る敵との戦いに適していました。

世界の武器講座 太陽神アポロン様に聞く！
"射出武器"

奥様、はじめまして。太陽神アポロンと申します。われわれ神は天上に住むことが多いですから、人間界に干渉するために、矢や弾を遠くまで飛ばすことができる「射出武器」を持っていると便利ですよ。何かしたいことがあったときに、下界に向かって撃つだけですむので重宝しています。

まあ、それはとっても便利そうですね♪

神の意志を地上に運ぶ武器

神話に登場する弓矢などの「射出武器」は、地上の人間に神々の意志を表明するために使われます。人間に与えられる恩恵も、罰も、弓矢によって運ぶことができるんです。ただの武器ではないんですよ。

アポロンの弓矢
アポロンが放つ黄金色の矢には、男性を苦痛なく殺したり、地上に疫病を流行らせる力があるといいます。（→ p56）

エロスの弓矢
ギリシャ神話の神エロスが放つ黄金の矢には、誰かへの愛情を芽生えさせる力があり、鉛の矢には、愛情を拒絶させる力があります。

力の源は弓？矢？それ以外？

弓矢というのは、「弓」と「矢」と「その使い手」、3つの要素が組みあわさってはじめてその力を発揮する武器なんです。ですから世界の神話伝承に登場する「伝説の弓矢」も、力が生まれている"元"がそれぞれ違うのですよ。

弓がすごい！
弓に特別な力が込められていて、矢を発射すると特別な力が発揮されるタイプの弓矢です。
例：オティヌスの弩（→ p24）

矢がすごい！
特別な力が矢に込められているタイプです。このタイプは本来の持ち主以外も、矢さえあれば力を発揮できます。
例：アポロンの弓矢（→ p56）

使い手がすごい！
使い手の技術で特別な力を生み出し、弓矢がそれを受け止めるタイプです。
例：無駄なしの弓（→ p46）
ガーンディーヴァ（→ p112）

"神の弩"が少ないのはなぜ？

弩が神の武器として登場する機会が少ないのは、西洋では弩が本格的な武器として認知された時期が遅く、神話が作られた時期には弩が知られていなかったからです。その後も、西洋では弩を不名誉な武器と見ていたため、英雄物語の主人公が弩を持つことはあまりありません。

射出武器の魅力はこれだけじゃ語りきれません。続きをお話ししましょう！（キラキラ）

くっ、がっつかない態度、爽やかな物腰……イケメンのテクニックを見た気がするよ！

"射出武器"の部品名を説明するよ!

代表的な射出武器である、弓(上半分)と弩(下半分)の各部位の名称を紹介します。

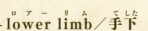

grip／弓柄(グリップ／ゆづか)
弓を引くときには、ここを左手で握ります。

bow string／弦(ボウ ストリング／げん)
麻糸や絹糸で作られた丈夫な紐です。これを引くことで弓を変形させ、矢を発射するための力をたくわえます。

bow／弓(ボウ)

lower limb／手下(ロアー リム／てした)
弦が引っかけられている弓の下端部です。

upper limb／押付(アッパー リム／おしつけ)
弦が引っかけられている弓の上端部です。

fletching／矢羽(フレッチング／やばね)
矢の軌道を安定させるために羽がついています。弓用の「アロー」の羽は3～4枚、弩用の「ボルト」の羽は0枚～3枚です。

nock／矢筈(ノック／やはず)
矢柄の末端部である矢筈には切れ込みがあり、ここに弦をはさんで固定します。

shaft／矢柄、箆(シャフト／やがら、の)
矢の本体部分。弓用のアローの矢柄には、よくしなる柔軟性の高い木材が使われます。

pile, arrowhead／矢尻(鏃)(パイル アローヘッド／やじり)
矢の先端についている鋭い部品。金属や鋭い石で作られます。

lugs, stops／掛け金(ラッグス スタップス／かけがね)
巻き上げ装置「山羊足レバー」(→ p165)を引っかけるための金具です。

nutt／弦受け(ナット／げんう)
引き絞った弦をここに引っかけて固定します。

stirrups／鐙(スティラップス／あぶみ)
この部分に足のつま先を通し、背筋を使って両手で引っ張って弦を引きます。

tiller／弓床(ティラー／ゆどこ)
弩の土台となるパーツです。

trigger／引き金(トリガー／ひきがね)
ここを引くと弦受けが動いて弦が解放され、ボルトが発射されます。

bow string／弦(ボウ ストリング／げん)

本書で紹介する"射出武器"の定義

この本では、遠くまで物を飛ばして攻撃する武器のことを「射出武器」と「投擲武器」のふたつの種類に分類しています。両者の違いは、物を飛ばすための力がどこから生まれるかによって違います。「射出武器」の定義は、物体を飛ばす力が「人間ではなく、なんらかの器械的な原理」から生まれる武器です。

代表的なものは弓と弩ですね。この本では、弦を引いたあと、発射する瞬間まで弦を手で保持するものを「弓」、器械的な仕掛けで弦を保持し、引き金を引くと弦が解放されるものを「弩」と定義しています。弩というのはなじみが薄い名前でしょうが、クロスボウと呼べばわかる人も多いのでは?

本書での射出武器の定義
・物体を遠くに飛ばして攻撃する武器
・人間の力ではなく、バネなど器械的な力を使って飛ばすもの

"射出武器"は効率と技術が生命線です！

遠くの敵を攻撃する2種類の武器「投擲武器」と「射出武器」のうち、最近主流となっているのは「射出武器」のほうです。ここ300年～400年ほどのあいだ、投擲武器は戦場ではほとんど見られなくなっています。

それは、射出武器には投擲武器とくらべて右のように大きな長所があり、投擲武器よりも射出武器のほうが有利な武器となっていることが原因です。

たくさん撃てる！

多くの場合「武器本体」を投げつける投擲武器と違い、射出武器は矢や弾などの軽い物体を飛ばすので、投擲武器よりも多くの弾を持ち運べ、その結果何十回も敵を攻撃することができます。

新技術で強化！

人間の身体能力には限界がありますが、射出武器は人間の筋力ではなく器械の力で敵を攻撃するので、人類の技術が進歩するたびに強力な射出武器を発明することができます。

どうですかラクシュミ様？ これで、少なくとも射出武器は投擲武器より優れているということは明らかですよね。
インド神話には優れた弓が多いと聞きますし、絶対に「射出武器」にするべきですよ！

小さくて強い合成弓がすごいですよ！

弓の種類には「単弓」と「合成弓」があるんですけれど、だんぜん「合成弓」をおすすめします。これはすごいですよ、人類の英知の結晶ですね！

弓が1種類の素材で作られているものを「単弓」、複数の素材を組みあわせて作られているものを「合成弓」といいます。より性能が優れているのは「合成弓」のほうです。合成弓は右図のような原理で、強く引いても壊れにくいため、威力の高い矢を発射できるのです。

162ページで紹介しているコンポジットボウや、日本の弓道で使う和弓も、複数の素材で作られた合成弓です。前者は木材と動物の腱や骨、後者は性質の異なる複数の竹材でできています。

弓の威力は「張力」で決まる

弓の威力は「張力」という数字であらわされます。これは、弓を引くために必要な力の強さをキログラム単位で示したものです。張力が高い弓ほど元の形に戻る力が強いので、高い速度で矢を発射することができるわけです。
合成弓は、複数の素材を組みあわせることで、単弓よりも高い張力と、それを支える耐久性を両立させているのです。

合成弓なら強い弓を作れる！

単弓だと？
弓を強く引くと、弓の内側に押しつぶす力、外側に引き裂く力が加わります。そのため弓が裂けてしまいます。

合成弓は？
硬い素材で押しつぶす力に耐え、伸びる素材で引き裂く力を吸収することで、強く引いても弓が壊れないように補強されています。

弩の魅力は圧倒的な威力です！

合成弓よりも強い矢を放ちたいなら、「弩」に手を出すべきですね。弩のなかでも強力なものだと、鋼の鎧を貫通するくらいの威力がありますよ！

弩の特徴は、ふつうの弓とは比較にならないくらいの高い威力で、矢を撃ち出せることです。

弓矢は、狙いをつけるために「弓を引き絞った状態を筋肉で維持」しなければいけません。ですが弩の場合は、一度全力で弓を引いてしまえば、弦を弦受けに引っかけるだけで弓を引いた状態を維持できます。また、弦を引くために器械を使えば（→p165）、人間の力では引けない強い弓を引くことも可能になるのです。

弩の威力が弓よりも圧倒的に高いわけ

弓の張力：20kg程度

弩の張力：50～100kg程度

弓を引いたまま止まって狙いをつけるから、背中の筋肉がブルブルするって気がするよ～っ!!

弦を一回引いてしまえば、あとは力がいりませんから、リラックスして狙えますわ～♪

力と技術が必要

素人でも扱える

弩の弱点をあげるなら、弓に比べて連射が遅いことと、強い弓を使っているわりにそれほど遠くまで飛ばないことでしょうか。ですがあくまで弓と弩を比べれば、という話です。どちらを選んでも、ラクシュミ様の美しさと同じように完璧な武器ですよ！

あら、ありがとうございます。あの方もよくそう言って誉めてくださるのですけど、完璧だなんて私などにはもったいない言葉ですわ。

弩の射程距離が弓より短いのはなぜ？

上でも解説されていますが、弩の張力は、弓の張力よりも圧倒的に強くなっています。普通、これくらい強い弓で発射すれば、初速が速くなってかなり遠くまで飛ぶはずなのですが、実際には弓と弩の射程距離にはあまり違いがありません。これは、矢の構造に原因があります。

弓で使う長い矢「アロー」では、矢は振動しながら空気をかきわけて山なりに飛びます。ですが弩から発射される「ボルト」は、短すぎるために柔軟性がないので、山なりの軌道をとれず失速してしまうのです。

アローの軌道

ボルトの軌道

上がアロー、下がボルト。ボルトの矢が短いのは、弩には構造上大きい「弓」をつけられないので、長い「矢」を装填できないからです。矢が短くて太いので、ボルトはほとんど「しならず」、空気抵抗の悪影響を大きく受けて失速してしまいます。

世界の武器講座
Encycropedia of "Projectile Weapon"
射出武器小事典

この小事典では、射出武器の代表格である「弓」や「弩（クロスボウ）」を中心に、人間の腕力以外の力で弾体を発射する武器全般を紹介しています。

この本ではこういう弓ですとか、弩をメインに紹介していますけど、このほかにも「銃」も射出武器の一種なのだだそうですよ。

Projectile Weapon List

イングリッシュロングボウ……p162	ガストラフェテース……p163	ブローパイプ……p164
コンポジットボウ……p162	ハンドクロスボウ……p163	スリングショット……p164
アルバレスト……p163	ブロッド……p164	

イングリッシュロングボウ
–English longbow–

時代／13～15世紀	武器種別／弓	使用された場所／
長さ／150～180cm	持ち手／両手	イングランド、
重量／0.6～0.8kg	攻撃属性／刺	ウェールズ

　現在のイギリス南東部にあたる「イングランド王国」の軍隊が使用していた、木製の大型弓です。世界中で使われた強力な弓は、ほとんどが合成弓なのですが、このロングボウは「イチイの木」という非常に硬い木だけで作られた単弓です。

　その射程は250～350mとかなり長く、熟練すれば1射あたり6～10秒という驚異的な速さで連射できました。また四角錐型の戦闘用の矢尻を使えば、鎖鎧はもちろんのこと、金属鎧を貫くことも不可能ではなかったといいます。

コンポジットボウ
–Composite bow–

時代／不明～20世紀	武器種別／弓	使用された場所／
長さ／60～150cm	持ち手／両手	トルコ、
重量／0.2～0.5kg	攻撃属性／刺	モンゴルなど

　異なる素材をあわせて作られた弓「合成弓」の総称です。弓本体の背中側に動物の腱などやわらかい素材、腹側に動物の角などの硬い素材を組みあわせ、ニカワという接着剤で張りあわせることで、単一の素材で作られた弓に比べて、抜群の伸縮性と耐久性が生まれるのです。小型の弓でも十分な威力が出るため、大きな弓を使えない騎兵に特に愛用されました。

　合成弓は時代とともに進化し、「リフレックス・コンポジットボウ」というより強力な合成弓が開発されました。この弓は通常の合成弓よりも強い力で元の形に戻ろうとするため、驚異的な威力で矢を発射できます。

162

アルバレスト
–Arbalest, Arbalete, Albrast–

時代／13〜15世紀	武器種別／弩
長さ／75cm前後	持ち手／両手
重量／6.0〜8.0kg	攻撃属性／刺
使用された場所／ヨーロッパ	

　欧州で使われたクロスボウを指す一般名称。ですが狭い意味では、イタリア北西部の都市ジェノヴァで開発された、鉄製の弓を持つクロスボウを指す単語でもあります。ちなみにアルバレストはドイツ読みで、英仏ではアーバレスト、イタリアではアルバレスタと読みます。

　アルバレストは、威力に応じて弓を引く方法もさまざまでした（→p165）が、どの方式でも強力な矢を発射し、金属鎧を貫くことができます。通常はクロスボウ用に作られた太い矢を発射しますが、弓床の部分にくぼみをつけて、石の弾などを発射できるようにしたものもあります。

ガストラフェテース
–Gastraphetes, Gastrapheten–

時代／紀元前5〜紀元前4世紀	武器種別／弩
長さ／130cm前後	持ち手／両手
重量／8.0kg前後	攻撃属性／刺
使用された場所／ギリシャ	

　古代ギリシャで使われていた、ヨーロッパ最古のクロスボウです。台尻の部分に動物の角のようなパーツがあるのが特徴です。この部分を自分の腹に当て、弩の先端部分を地面につけて固定してから、弦を引っぱって射撃可能な状態にします。武器の名前はこの方法に由来するもので「腹当て機」という意味があります。

　ガストラフェテースは古代ギリシャの都市国家どうしの争いに使われたとみられています。少々の訓練を受けるだけで150〜300m程度の距離まで狙いをつけて矢を飛ばせるため、誰でも扱える"兵器"として活用されました。

ハンドクロスボウ
–Hand Crossbow–

時代／15世紀〜不明	武器種別／弩
長さ／40cm前後	持ち手／片手
重量／0.5kg前後	攻撃属性／刺
使用された場所／ヨーロッパ	

　ハンドクロスボウは、片手で撃つことを前提に小型化されたクロスボウの一種で、クロスボウが戦場の主役から外れた15世紀以降に開発されました。その見た目と大きさは、現代の遊技用小型クロスボウと通じるものがあります。

　現代ではガン・クロスボウ（Gun Crossbow）とも呼ばれ、その名前のとおり、台尻の部分が拳銃のグリップのように下に曲がっています。ハンドクロスボウの構造はいたってシンプルで、弦を引くのに滑車などの特別な器具や力を必要とせず、手で直接引くことができました。そのぶん弓矢としての威力は低くなっています。

プロッド
-Prodd, Stone bow, Pellet Crossbow-

時代／16～19世紀	武器種別／弩	使用された場所／
長さ／60～100cm	持ち手／各種	ヨーロッパ
重量／5.0～8.0kg	攻撃属性／叩	

矢ではなく、石などの弾丸を打ち出すことを目的としたクロスボウで、ペレット・クロスボウ、ストーンボウなどとも呼ばれます。その最大の特徴は、弦が途中で2本に分かれていて、そのあいだにスリング（→p173）のような、弾を収める小さな袋がつけられていることです。

銃器に射撃武器の主役を奪われたクロスボウでしたが、改良されて射撃の訓練や狩猟用の道具として再開発されました。プロッドのような弾丸を発射するクロスボウも、18世紀末から19世紀にかけて多くの改良品が作られ、狩猟や射撃競技の道具として用いられています。

ブローパイプ
-Blowpipe, Blowgun, Blow tube-

時代／不明～現在	武器種別／特殊	使用された場所／
長さ／30～200cm	持ち手／両手	世界各地
重量／0.1～1.0kg	攻撃属性／刺	

いわゆる"吹き矢"です。長い筒に短い矢を詰め、片方を口でくわえて、息を吐く力で矢を射出します。ブローパイプは非常に古い時代から、全世界で狩猟用武器として使用されており、いつの時代にどこで生まれたかなどを正確に推測することはできません。

弓や弩の矢とは違って、吹く息による空気圧を漏れなく受け止める必要があるため、矢尻には筒と矢の密閉を高める「風受」と呼ばれる部品が取り付けられています。当然のことながらその威力は低いため、大型動物を狙う場合は矢に毒を塗り、獲物を確実に仕留められるようにしています。

スリングショット
-Slingshot-

時代／現在	武器種別／特殊	使用された場所／
長さ／10～50cm	持ち手／両手	世界各地
重量／0.1～1.0kg	攻撃属性／叩	

スリングやスタッフ・スリング（→p173）を、現代の技術で簡単に扱える武器にしたのが、このスリングショットです。おもにY字型をしている持ち手にゴム紐が張られており、弾とゴム紐を一緒に引っ張ったあと手を離すと、ゴム紐の反動で弾が勢い良く飛んでいきます。

現在では狩猟道具や、護身用の武器として扱われています。単純な構造ながらも威力は非常に高く、子供向けのおもちゃ「パチンコ」でも、弾を選べば窓ガラスを貫通するほどの威力を持っています。また、弾の代わりに矢を飛ばす「スリングボウ」という、より強力なものも作られています。

強いクロスボウを引くための工夫

うーん、うーーーん！
はぁ、はぁ、このクロスボウという武器ですが、弦を引っ張ってもビクともしないのですね。こんな固い弓を軽々と引いてしまうなんてすごいです。

ラクシュミはん、その弓は手の力で引いたらあきまへん。クロスボウの先っぽについとる環っかを足で踏んで弦を持って、背中の筋肉の力で弦をひっぱるんや。背中の筋肉は腕の筋肉より何倍もパワーがありますよって。

ふふふ、ラクシュミさん、世の中にはそのクロスボウよりさらに固いクロスボウもありますよ。そういうクロスボウを引くには、専用の道具を使うんだ！ どの道具も超カッコイイって気がするよ〜！

クロスボウの4つの巻き上げ方式

足踏み式　　　張力 低

弩の先端に、乗馬の「あぶみ」に似た部品があり、ここに足をかけて、背筋の力で弦を引っ張ります。
　また、弦を引っかけるための専用フックを腰から下げると、手を使わずに弦を引くこともできます。

山羊脚レバー（ゴートフット）　　　張力 低

てこの原理で弦をひっぱる装置です。「足踏み式」で巻き上げるような張力が低めのクロスボウに使用します。山羊脚レバーを使うと手元だけでクロスボウを引けるため、連射速度が向上します。

クレインクイン　　　張力 中

歯車式の小型巻き上げ装置です。ちょうど自転車の変速装置のような仕組みで、レバーを回す力を増幅するため、強力なクロスボウを引くことができます。姿勢を変えずに手元だけで使えるのもメリットです。

ウインドラス巻き上げ機　　　張力 高

滑車の力を使った大がかりな巻き上げ装置です。人力では引けないような強力なクロスボウでも引くことができます。ただし取りつけと取り外し、巻き上げ作業に、1〜2分という長い時間がかかるのが弱点です。

世界の武器講座
雷神ゼウス様が教える！ "投擲武器"

さてと、主役は最後にやってくるものじゃな。ギリシャ神話の最高神、雷神ゼウスじゃ。ワシが愛用するギリシャ神話の最強武器「雷霆（らいてい）」も、投げつける武器「投擲（とうてき）武器」なのじゃ。
神が投げつける武器の力、美しいラクシュミ殿に捧げようではないか。

まあ、どんなものを投げるのでしょうか？

天界から降り注ぐ神の力

まずはラクシュミ殿には右の絵画を見てもらいたいな。これはワシが、神々の戦争「ギガントマキア」で、押し寄せる巨人どもに雷を投げつける場面を描いたものじゃ。アポロンのやつは射出武器が一番と言っておったが、少なくともギリシャ神話の世界では、投擲武器こそが神話の最強武器なんじゃよ。

巨人（ギガース）たちに天空から雷を投げつけるゼウス（画面中央）。15世紀イタリアの画家、ジュリオ・ロマーノ画。

神話の武器は投げたら戻る

アポロンのやつは「投擲武器は弾数が少ない」と言っておるが、人間が使う武器を神の武器と一緒にされては困るのう。神話に出てくる投擲武器には、たいてい「投げても手元に戻ってくる」機能がついとるもんだ。だから弾切れの心配なんぞ、最初からどこにもないのじゃよ。

この武器は戻る？　戻らない？

- ミョルニル（槌）……………… **戻る**（→ p12）
- ヤグルシ＆アイムール（槌）……… **戻る**（→ p82）
- スダルシャナ（戦輪）……………… **戻る**（→ p106）
- ルーの槍（投槍）…………………… **戻る**（→ p30）
- ゲイ・ボルグ（投槍）…………… **戻らない**（→ p38）

"投げ槍"は投擲武器か？

136ページからの「槍」のページで紹介している投げ槍は、武器の種別としては本来「投擲武器」に入るものです。ですからこの投擲武器の項目にはたまに投げ槍のことが書かれています。気をつけてください。

ギリシャ神話の最強武器は投擲武器、これで説明は十分じゃろう。さ、次は武器ではなく愛を語る時間で……。

もう、お爺様ったら！　ラクシュミ様は困っているのですから、ちゃんと最後まで武器の話をしてくださいですの！

"投擲武器"は種類が豊富なんじゃ！

敵に投げつけて使う武器はなんでも「投擲武器」に分類される。だから投擲武器は、5つの武器種別のなかで、特に種類が豊富なんじゃ。

"一体型"の投擲武器

武器全体を手でもって投げつけるタイプの投擲武器のことを、マール社《武器歴史、形、用法、威力》では「一体型」の投擲武器と呼んでいます。

投げナイフ
小型の剣である「ナイフ」の一種で、敵に突き刺さるように特別に調整されたものです。

投げ槍
山なりに投擲し、やや上空から敵に降り注いで突き刺さる武器です。

投げ棍棒
手で持っても、敵に投げつけても、どちらでも有効な打撃を与えられるように調整された棍棒です。

投げ斧
回転しながら飛び、相手に突き刺さる斧です。射程は短いですが威力に優れています。

"分離型"の投擲武器

「分離型」の投擲武器とは、遠くに飛んで敵に当たる「弾体」と、弾体を加速させるために人間が持って使う「本体」の部分が、別のパーツになっているタイプの投擲武器です。

投石紐(とうせきひも)
紐の真ん中に小石や小型の弾体をはさみ、振り回して加速してから投げつける武器です。

投槍器(とうそうき)
投げ槍の発射速度を高めるために使用する、棒状の器具です。槍の石突の部分を投槍器にはめて投げると、てこの原理で槍を高速で投げることができます。

違った形の武器が5つもあるんですね。そういえばあの方も、薄い輪のような武器を投げて使っていましたわ。

本書で紹介する"投擲武器"の定義

　遠くに物体を飛ばして攻撃する武器のうち、機械的な力を使って物体を飛ばすのが「射出武器」だと159ページで説明しましたね。一方でこの「投擲武器」は、人間の腕力をエネルギーにして物体を飛ばす武器の総称です。上で紹介した「一体型」の投擲武器の場合は、単純に手で投げて使うものですから「人間の腕力がエネルギー」だとわかりやすいでしょう。
　分離型の投擲武器も、腕の力を回転運動に変換して発射する「投石紐」、てこの原理で腕力を増幅する「投槍器」の両方とも、人間の腕力をエネルギーにして弾体を発射しているのがわかりますね。

本書での投擲武器の定義
- 物体を遠くに飛ばして攻撃する武器
- 人間の腕力を使って飛ばすもの

"投擲武器"は威力が高いんじゃ！

139ページで解説したとおり、物体が当たったときの威力は、重さと速度で決まります。投擲武器は十分な重さがあり、人間の走る速度より圧倒的に速く飛ぶため、威力が非常に高いのです。

古代ギリシャでは……
古代地中海の島には投石紐の名手が多く、各地に投石紐を扱う傭兵を送り出していました。彼らが投石紐で投げる石は400m遠くまで飛び、近距離で放てば革の鎧を貫通し、鎧を着ていない人間の胴体を貫く威力がありました。

大航海時代には……
銃で完全武装したスペイン兵が太平洋の島に上陸したとき、手で石を投げつけてくる原住民に圧倒され、12人の死者を出して逃げ出したという記録があります。道具を使わない投石でも、数がそろえば銃に勝つことができるのです。

日本の戦国時代では……
戦国時代の日本において、投石は「鉄砲」「弓矢」「槍」に次いで有効な武器でした。戦国時代の資料から兵士の負傷の原因を調べると、鉄砲22%、弓矢20%、槍20%に次いで、10%が投石による負傷だったことがわかっています。

> 右に、歴史上の戦争で、もっとも原始的な投擲武器である「投石」がどのような戦果をあげたのか、実例を3つ紹介したぞ。投擲武器の強さがよくわかるであろう。

武器の飛ぶスピードが重要なんじゃ！

もう耳にタコができてしまうかもしれんが、物体が当たるときの威力は物の重さと速度で決まるから、威力を上げるには、より速く投げることが重要なんじゃ。

スピードを増すための投擲武器の工夫

投擲武器の命である「スピード」を可能な限り高めるため、投擲武器には物品をより速いスピードで発射するための工夫がなされています。
工夫の仕方は武器の種類ごとにまったく違うので、ここでは4種類の実例を紹介します。

投げ棍棒の場合（➡p170）
棍棒のもっとも重い部分を長い棒の末端部に置くことで、てこの原理で重い部分の速度を増し、威力を高めることができます。

ボーラの場合（➡p172）
紐を頭上で回しながら重りの部分を加速させることで、腕の力を石の速度に継続的に上乗せできるので、発射時の速度が高くなります。

ブーメランの場合（➡p170）
投げる武器を風を斬り裂くような形状にすることで、空気抵抗で武器が減速して威力が落ちるのを防ぐことができます。

ジャベリンの場合
投げ槍に、投げるとほどける紐を巻きつけ、それを握って投げます。てこの原理が働き、普通に投げるよりも高速で投げられます。

"分離型"ならもっと高性能じゃ！

投擲武器は高い威力を持つ武器ですが、複数持つには重いという弱点があります。「分離型」の投擲武器は、投擲武器の弱点を補強したり、長所をさらに強化することで、より強力な武器へと生まれ変わらせています。

弾数を増やしたいなら……投石紐（→p173）

投石紐は、重さ数十g程度の小石や、専用の鉛弾を飛ばす武器です。単体型の投擲武器よりも弾体が圧倒的に小さいので、数十個の弾体を持ち歩いて、次から次へと投げつけることができます。

威力を上げたいなら……投槍器（→p172）

投槍器から投げられた槍の速度は時速160kmにも達します。プロ野球の剛速球投手が投げる球と同じ速度で、球の7〜8倍の重さの「槍」が飛んでくると考えれば、当たったときの威力を想像できるでしょう。

投擲武器のふたつの弱点

①重いのでたくさん持ち運べない

投石紐などの例外を除いて、投擲武器はどれも重くてかさばるのです。そのため戦場には数本しか持ち込むことができず、すぐに弾切れになってしまいますね。

②尖った部位を当てるのが難しい

一部の投擲武器は、回転する刃が敵に適切な角度で当たらないと、敵に効果的にダメージを与えることができないのです。そのためこれらの武器は、下の図のように、武器の回転速度に応じて、敵に命中できる「有効距離」が決まっています。

このトマホークは、敵が4m、8m、12mのところに立っとると刃がうまく刺さります。おっ、これは直撃コースみたいですわ。うまく避けたってくださいよ〜！

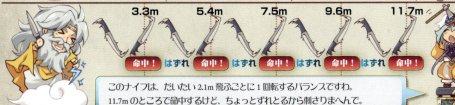

このナイフは、だいたい2.1m飛ぶごとに1回転するバランスですわ。11.7mのところで命中するけど、ちょっとずれとるから刺さりまへんで。

投擲武器は、構造上の問題から、これらの弱点を解決することができませんでした。古い時代では、射出武器の製造技術も未熟でしたから投擲武器が使われていましたが、技術が発達して射出武器が強力になっていくと、投擲武器は武器技術の進化に取り残されてしまいました。現代の軍隊でも、純粋な投擲武器は使われていません。投擲武器に近いものは、爆発物を手で投げ込む「手榴弾」くらいです。

でも、投擲武器に勝った射出武器も、火薬を使う銃に負けちゃうメェ。武器の歴史は科学の発展の歴史だメェ。

世界の武器講座
Encycropedia of "Throwing weapon"
投擲武器小事典

この小事典で紹介する11種類の投擲武器は、167ページで紹介した6つの分類に加え、手で投げる矢である「投げ矢」の、合計7種類に分類されています。

投擲武器はユニークな外見のものがとっても多いんだよ！ とにかくできるだけたくさん集めたから、たっぷり楽しんでほしいって気がするよ～！

Throwing weapon List

ブーメラン……………p170	フランキスカ…………p171	ボーラ……………………p172	スリング……………p173
ノブケリーエ…………p170	アフリカ投げナイフ……p171	スピアスロウワー………p172	スタッフ・スリング…p173
トマホーク……………p171	チャクラム……………p172	プルンバタ………………p173	

ブーメラン
-Boomerang-

時代／13,000年前～現在	武器種別／投げ棍棒	使用された場所／
長さ／60cm前後	持ち手／片手	オーストラリアなど
重量／0.2～0.8kg	攻撃属性／叩	

　現在では遊具として親しまれているブーメランですが、これはもともとオーストラリアの先住民アボリジニの使っていた投擲武器です。ひらがなの「く」の字の形をした棍棒で、アカシアなどの堅い木材で作られます。投げたあと、手元に戻るものと戻らないものがあり、両方ともブーメランと呼ばれていましたが、これがヨーロッパに伝わる過程で、戻ってくる武器だけがブーメランと呼ばれるようになりました。

　ブーメランの狩猟での使われ方は、おもに鳥の群れに投げて叩き落とす、川の上に網を張ってブーメランを投げ、驚いた水鳥を網に掛けて捕まえる、というものでした。

ノブケリーエ
-Knobkerrie,Kerrie-

時代／不明～20世紀	武器種別／投げ棍棒	使用された場所／
長さ／40～80cm	持ち手／片手	南アフリカ
重量／0.5～1.0kg	攻撃属性／叩	

　南アフリカの先住民であるズールー族が用いた投擲用の棍棒で、単にケリーエとも呼ばれます。先端にコブのような突起があるのが特徴で、たいてい木製ですが、サイの角で作られた最高級品もあります。基本的には狩猟の道具ですが、護身用または戦闘用の武器としても使われます。

　また、ズールー族には「ングニ棒術」という棍棒での戦闘術が伝わっており、18世紀に侵略戦争を仕掛けてきたイギリス軍をこれでおおいに苦しめました。

　南アフリカの国章には、横に寝かされた槍とノブケリーエが描かれています。これはノブケリーエが先住民ズールー族の象徴であるとともに、横に置いた武器、つまり平和の象徴という意味が込められています。

トマホーク
–Tomahawk–

時代／17～20世紀	武器種別／斧・投げ斧	使用された場所／
長さ／40～50cm	持ち手／片手	北アメリカ
重量／1.0～1.8kg	攻撃属性／斬	

　トマホークは、アメリカの先住民インディアン（ネイティブアメリカン）が使用した小型の斧です。投げる武器というイメージが非常に強い斧ですが、あくまでも「投げても使える」だけで、基本的には手に持って使う武器です。

　片手で扱える手斧のなかでも特に小さなもので、刃も薄く軽く作られています。トマホークは日用品でもあり、狩猟や工具、ナイフ代わりなどのさまざまな用途で扱われました。ちなみにインディアンは金属を加工する技術を持っていなかったので、これは欧米からもたらされた金属斧に、独自の工夫を加えて作り出されたものだと考えられています。

フランキスカ
–Francisca–

時代／4～8世紀	武器種別／投げ斧・斧	使用された場所／
長さ／50～60cm	持ち手／片手	西ヨーロッパ
重量／1.2～1.4kg	攻撃属性／斬	

　トマホーク（上参照）が作られる1000年以上前に、ヨーロッパでは「フランキスカ」という投げ斧が使われていました。これは現在のドイツやフランスに住んでいたフランク族の武器で、柄が短く、刃が扇状に反り返っているのが特徴で、投げたときに刃が当たりやすい形状をしています。「フランク族」は戦争のとき、陣と陣とがぶつかりあう直前に投げ槍とフランキスカを敵陣に投げつけ、その後は剣で戦ったそうです。ただし斧は回転して飛ぶため、刃の部分を敵に当てるには訓練が必要でした。もちろん投げて使うだけではなく、接近戦における武器としても十分な威力を秘めています。

アフリカ投げナイフ
–Throwing Knife of the afrika–

時代／14～20世紀	武器種別／投げナイフ	使用された場所／
長さ／30～85cm	持ち手／片手	アフリカ
重量／0.4～1.0kg	攻撃属性／斬刺	

　アフリカの狩猟民族は、ヨーロッパやアジアでは見られない、奇妙な形の投げナイフを使用します。その多くは複数の刃を持ち、目標にどの角度で命中しても、複数の刃のどれかが突き刺さるように工夫されています。

　横のイラストは、アフリカ中央部の少数民族ムバカ族が使う投げナイフで、全長40cm強の大きさです。柄の部分には滑り止めとして銅線が巻きつけてあります。

　このほかにも、サソリの尻尾のような形をしたもの、ナイフに円形の刃をつけたようなもの、鳥の頭のような刃をつけたものなど、部族ごとにバリエーションが見られます。

チャクラム
-Chakram-

時代／15世紀〜19世紀	武器種別／戦輪	使用された場所／
長さ／10〜30cm	持ち手／片手	インド
重量／0.15〜0.5kg	攻撃属性／斬	

　インド北西部で生まれた新しい宗教「シーク教」の信者が用いていた投擲(とうてき)武器です。チャクラムは10〜30cmほどの平らな鋼鉄製の輪で、外側が鋭く研がれてるという、投擲武器としては珍しい"切り裂くための武器"です。持ち運びにはシーク教徒のシンボルである円錐状のターバンに、輪投げのようにチャクラムを掛けて持ち運びました。

　チャクラムの正式な投げ方について、確実な資料はありません。一般的には、人差し指を環の中に入れ、フラフープのように回転させて投げるか、チャクラムを人差し指と親指で挟んで投げていたと考えられています。

ボーラ
-Bola-

時代／不明〜20世紀	武器種別／特殊	使用された場所／
長さ／70cm前後	持ち手／片手	東南アジア、
重量／0.8kg前後	攻撃属性／叩・特殊	アメリカ大陸

　東南アジアが起源とされている投擲武器。アメリカ大陸の先住民族、イヌイットやインディオも狩猟に使います。ヒモの先端に石や動物の骨、角などの重い部品を取りつけ、2〜10本（3本が基本）の束にしてまとめたものです。これをスリング（→p173）のように、根元を持ちながら重い部品を回転させて獲物に投げつけます。すると先端部の重い部品が獲物の骨を砕き、もし外れたとしても、ヒモが獲物に絡んで動きを止めるという、2段構えの強力な武器です。

スピアスロウワー（＆ジャベリン）
-Spearthrower, Atlatl, Woomera/Javelin-

時代／50万年前？〜現代	武器種別／投槍器	使用された場所／
長さ／70〜100cm	持ち手／片手	全世界
重量／1.0〜1.5kg	攻撃属性／特殊	

　陸上競技の槍投げを観ればわかるように、槍を遠くの目標に投げつけるだけでも、強い筋力と厳しい鍛錬が必要となります。スピアスロウワーは、それらの問題を解決するべく作られた投擲補助道具で、日本語では「投槍器」と書きます。多くのスピアスロウワーは木製ですが、動物の角や骨を使って作られたものも少なくありません。ジャベリンは、投げるために作られた短い槍の総称で、その威力を増すために世界中で投槍器が開発、併用されていました。

　オーストラリアの先住民アボリジニは、ウーメラという投槍器を使用していました。これは平らな板の丸い溝にジャベリンをはめ、板を持って投げるものです。中米アステカの投槍器アトルアトルは、棒の中央に小さな穴がふたつ空いていて、ここに人差し指と中指を通し、槍を装填してオーバースローで投げます。

プルンバタ
-Plumbata, Verutum-

時代／3〜5世紀	武器種別／投げ矢	使用された場所／
長さ／30〜40cm	持ち手／片手	ローマ帝国
重量／0.1〜0.2kg	攻撃属性／刺	

　ローマ帝国後期の兵士が装備していた投げ矢です。矢の柄(え)には鉛の重りがはめこんであり、通常の矢よりも重いため、手で投げても安定して飛んで行きます。

　プルンバタの魅力は、それまでの主力投擲武器ピルム（→p143）よりも格段に小さかったため、簡単に持ち運べたという点です。あるローマの精鋭部隊は、盾の裏に5本のプルンバタを固定して持ち運んでいたといいます。また、矢羽の力によって回転しながら飛ぶため弾道が安定し、ピルムよりも軽量なため、射程距離が長いという特徴がありました。

　プルンバタは、威力こそ重さと長さに優れるピルムに劣るものの、鎧や兜を身につけていない蛮族や、軽装備の兵士には十分な攻撃力がありました。また、多くの数を持ち運べることを活かし、大量の投げ矢で弾幕を張って敵の行動を妨害し、敵の士気を低下させる戦術も取られていました。

スリング
-Sling-

時代／紀元前10世紀〜18世紀	武器種別／投石器	使用された場所／
長さ／100cm前後	持ち手／片手	世界各地
重量／0.3kg前後	攻撃属性／叩	

　スリングは単純かつ強力な投擲具です。ヒモの中央付近に付けられている袋に石を入れ、これをふたつに折りたたみ、ヒモの両端を握ります。そして頭上で勢いよく袋を振り回し、十分に加速を付けてから、適切なタイミングでヒモの片方を手から離せば、遠心力によって誰でも時速100kmほどの速さで石を飛ばせるのです。

　スリングの魅力は、武器本体がかさばらず、弾をどこでも入手できるという手軽さと、人体を貫通するほどの破壊力です。ただし、正確に狙った場所へ投げるには訓練による高い技術が必要で、誰にでも扱える武器ではありませんでした。

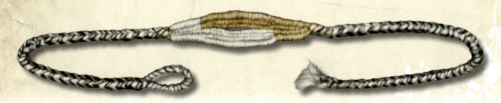

スタッフ・スリング
-Staff Sling-

時代／紀元前4世紀〜19世紀	武器種別／投石器	使用された場所／
長さ／100〜110cm	持ち手／両手	世界各地
重量／0.3〜0.5kg	攻撃属性／叩	

　投石器の元祖であるスリングを強化した投擲武器です。棒の先端に革の袋をつけ、そこに石を入れてオーバースローで発射します。てこの原理によって、簡単な訓練のみで誰にでも、弓に劣らぬ飛距離の強力な石弾を発射できます。しかし、棒を振る広いスペースが必要、石弾を装填するのに時間がかかるなどの欠点もありました。

　スタッフ・スリングは重くて大きい物も投げられるため、近代では薬品や手榴弾を発射するためにも使われました。

世界の武器講座
Encycropedia of "Unique Weapon"
特殊武器小事典

この小事典では、これまで紹介してきた5つのジャンルのどこにもあてはまらない、特殊な形状と性質を持つ武器5つを紹介します。

ここで紹介されている武器は、見たこともないユニークなものばかりですね。ところでこのバチバチいっている武器は、どのように使えばよいのでしょう？

Unique Weapon List

ウォー・ピック……p174	バグ・ナウ……p175
ウールミ……p174	テポストピリー……p175
エントレンチング・ツール……p175	

ウォー・ピック -War Pick-

時代／紀元前7世紀～16世紀	武器種別／特殊	使用された場所／
長さ／50～60cm	持ち手／片手	ヨーロッパ
重量／0.8～1.2kg	攻撃属性／刺叩	中央アジア

　鳥のクチバシのような形をした鋭い金属部品が、柄頭に取りつけられた武器です。その構造はウォーハンマー（→p156）と非常に似ており、とがった部分の反対側は、平らなハンマーになっていることがあります。これらの部品を使い分ければ、とがったピックで突き刺す攻撃、ハンマー部分で殴る攻撃という、2種類の攻撃方法をひとつの武器で使えるのです。ピックの貫通力は非常に優れていたようで、兜を貫通して敵の頭部を突き刺せたほどです。ピックでも貫けないような重装甲の敵に対しては、ハンマーの部分を使って殴ることで、鎧の内側へ衝撃によるダメージを与えます。

ウールミ -Urumi-

時代／不明～現在	武器種別／特殊	使用された場所／
長さ／120～160cm	持ち手／片手	インド
重量／不明	攻撃属性／斬	

　世界最古の武術として取り上げられることも多い、インドの武術カラリパヤットで使用される武器です。ウールミは別名をカドゥカバンダといい、これはインドの言葉サンスクリット語で「剣の帯」という意味があります。その名のとおり、ウールミは、サーベルの柄に似た握りから、平たく弾力性のある、カミソリの刃のような金属板が何枚も生えている武器です。刀身を鞭のようにしならせて変幻自在の攻撃を繰り出す武器で、切れ味にも優れており、振り下ろせば人間の首を切り落とすことも可能です。また携帯性も非常に高く、「剣の帯」の異名のとおりベルトのように腰に巻いて持ち歩けます。

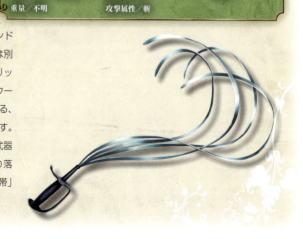

エントレンチング・ツール
–Kleines Schanzzeug–

時代／20世紀〜現在	武器種別／特殊	使用された場所／
長さ／55〜75cm	持ち手／両用	全世界
重量／約1.2kg	攻撃属性／斬刺叩・特殊	

　現代の兵士たちが、銃弾から身を守るために地面に掘る深い溝、塹壕。エントレンチング・ツールとは、この塹壕を掘るなどのさまざまな用途に使われるシャベルであり、兵士にとって欠かせない道具です。また、狭い塹壕の中では武器となります。銃を撃つよりもシャベルを振り回すほうが手っ取り早く、かつ戦いやすかったのです。支給されたシャベルの先端をさらに鋭く削り、殺傷力の向上を図る兵士も多くいました。

　塹壕戦が繰り広げられた第一次世界大戦では、銃よりもナイフよりも、このシャベルがもっとも信頼されていた武器らしく、シャベルでの戦闘術は現代でも教えられています。

バグ・ナウ
–Bagh Nakh, Bag'hnak, Nahar-nuk, Wahar-nuk–

時代／16〜18世紀	武器種別／特殊	使用された場所／
長さ／10cm程度	持ち手／片手	インド
重量／0.05kg程度	攻撃属性／刺斬	

　手にはめて使う、隠し武器のひとつです。拳にはめて打撃力を強化するための武器「メリケンサック」を凶悪にしたような外見で、爪の本数は4または5本のものが多く、鋭く研がれています。2つのリングを人差し指と小指にはめ、刃の部分が手の平から生えるように握って使います。その携帯性からか、いわゆる賊がしばしば用いていたようで、この爪に猛毒を塗って使えば、暗殺用の武器になります。

　バグ・ナウという名前は「虎の爪」という意味です。この武器によってつけられた傷跡が、猛獣の爪あとに見えることからこの名前がつけられました。

テポストピリー
–Tepoztopilli–

時代／14〜16世紀	武器種別／槍、投げ槍	使用された場所／
長さ／180〜220cm	持ち手／両手	アステカ（メキシコ）
重量／2.0〜2.5kg	攻撃属性／斬	

　メキシコ半島中央部で14世紀から16世紀にかけて栄華を築いた、マヤ文明やアステカ文明の武器です。彼らは製鉄技術を持っていなかったため、ガラスのような性質を持ち、砕けば鋭い破片ができる「黒曜石」という石の破片を使って刃物を作っていました。テポストピリーは、長い木製の柄の先に、松ヤニなどの樹脂を用いて、黒曜石の鋭い破片をいくつもはめこんで作った槍です。同じ方法で作られた剣状の武器もあり、こちらは「マクアフティル」と呼ばれています。

　刃どうしに隙間があるなどの問題で、貫通力があまりないため、テポストピリーは普通の槍のように敵の体に直接突き刺すのではなく、穂先を突き出して敵の体にかすらせ、肉を切る使い方をしました。

　テポストピリーは投げ槍としても使用され、アトル・アトル（→p173）という投槍器を使って投擲されました。

神話世界の"超兵器"カタログ

死の商人メティス様おすすめ！

はいは～い♪　みなさんおひさしぶり、メティスさんの登場ですよ～♪
まったく、旦那さんの不在を狙って、よってたかって人妻を口説くなんて……どうしてギリシャの男どもは、こうなんでしょうかね～？
ほらほら、そこの男ども、神妙にしなさ～い。

ギリシャ神話の知恵の女神"メティス"

　ギリシャ神話の水と知恵の女神。主神ゼウスの最初の妻だったが、のちに女神ヘラに正妻の地位を譲って第二夫人に。嫉妬深いヘラとも良好な関係を築いているなかなかの女傑。
　普段はゼウスの頭の中で暮らしている彼女だが、ときおりゼウスの意識を内側から乗っ取り、頭部を「ゼウスロボ」に変形させてお出かけすることがある。知恵の女神らしく武器の歴史にもくわしく、世界中からお宝兵器をかき集めては「死の商人」まがいの商売をするのが趣味。

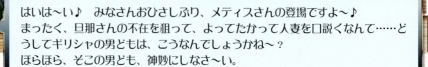
武器や兵器の知識もおまかせですよ～♪

め、メティス義姉さん!?（汗）ゼウスめ、「まだしばらくは寝ているはずだから、見とがめられることもあるまい」と言っていたではないか！　……ときに義姉さん、つかぬことを聞くが……全部見てた？

ええ、それはもう。ポセイドン君が口説きの一番槍をあげるところから見てましたよ～、槍だけに（ぼそ）。さあ、ほかの男たちも、**さっさと帰らないと奥さんやお姉さんに言いつけますよ～？**

し、失礼しました～!!

ふう……男どもは、ようやく退散しましたね～。

いえいえ、お気になさらないでください。わたしは旦那様一筋ですから♥
あ、そうです。実はいま、パンドラさんとウェルルゥさんに武器を選んでもらっているんです。結婚記念日のプレゼントにと思いまして。

あらあら～、それならメティスさんにも協力させてほしいです～♪
私、神様も驚くようなすごい「兵器」を取り扱っているんです～。
ヴィシュヌ様もきっと喜ぶ、いいものをご紹介しますよ～？

ぜひぜひお願いいたします。
どんなすごいものを見せていただけるんでしょう？　楽しみですね♪

いわゆる「フツウ」の神話武器は、パンドラちゃんたちがかな〜り念入りに紹介したみたいですね〜♪
私からは、武器と言うにはちょっと大きい、普通じゃない「兵器」の数々をご紹介しますよ〜?

"超兵器カタログ"のご案内

「神話世界の超兵器カタログ」は、"死の商人"メティス様による、巨大兵器の見本市です。

ここでは、神話や伝承に登場する武器・兵器のなかから、人間が手に持てるサイズよりもはるかに大きな武器や、「武器」の領域を越えた破壊力を発揮する兵器などを世界各地から集め、そのなかから厳選した8つをイラストつきで紹介します。人間の想像力が生み出した、スケールの大きな兵器の数々をお楽しみください。

超兵器データの見方

必中必殺必壊の最終兵器
ブラフマーストラ
Brahmaastra ／出典:『ラーマーヤナ』『マハーバーラタ』

基本形状	攻撃手段	サイズ
矢	衝撃力	不明(山2個ぶんの重さ)

インドの英雄物語『ラーマーヤナ』では、作中に登場する仙人から物語の主人公ラーマ王子に、神々が使った50個近くの武器が贈られています。そのなかでもっとも強力で、敵の首領を倒すために使われたのが、創造神ブラフマーが作ったこの矢です。この矢はサイズこそ不明ですが、山2個ぶんの重量があり、常人には持ち上げることすらできません。

ブラフマーストラの鏃には炎が燃えさかっており、矢羽には風が宿り、軸は天空で出来ています。それは黄金と美しい鳥のような羽根飾りで飾られ、生きているように脈動しているのです。この矢を放つと、人間でも竜でも、馬群でも城門でも、狙ったものをかならず破壊します。そのうえ、ひとりでに元の位置に戻ってくる優れものです。

トゲトゲ鉄球一斉発射!
シャタグニー
Satagni ／出典:『マハーバーラタ』

基本形状	攻撃手段	サイズ
移動ロケット砲	棘、爆発	軽自動車程度

インドの英雄物語『マハーバーラタ』に登場する兵器です。これは木製の台車の上にのせられたロケット砲のような兵器で、円筒形または球形の弾体に無数の鉄の棘を生やしたものを、火薬の力で敵陣に撃ち込みます。鉄の棘の本数は、さながらイガグリのようにとても多く、作中ではたくさんの矢で撃たれて戦死した人のことを「シャタグニーのようになってしまった」と表現することもあります。

驚くべきは、このシャタグニーという武器は特別な一品物ではなく、各部族の軍隊が標準装備している一般的な量産兵器であることです。『マハーバーラタ』では戦闘が始まると、両軍がさまざまな弓矢や投擲武器とともに、無数のシャタグニーを発射する表現が頻繁に見られます。

空を制する者は戦を制す
ヴィマーナ
Vimana ／出典：『ラーマーヤナ』『マハーバーラタ』

基本形状	攻撃手段	サイズ
船、戦車、城など	アグネアの矢など	小船〜城

　インド神話の登場人物は、空を飛ぶ船「ヴィマーナ」に乗って世界を旅したり、空中戦闘を行うことがあります。19世紀の資料によれば、ヴィマーナはおおむね金属製で、特殊な訓練と儀式を修めた人間にしか操縦できません。

　インド神話には同時に多数のヴィマーナが登場し、その種類もさまざまです。数人しか乗れない小舟のようなものがあったと思えば、戦車のようなもの、そして巨大なものでは「城ひとつ」がまるごとヴィマーナとして空を飛ぶものもあります。また、戦闘に使用されるヴィマーナのなかには、固定の搭載兵器がついているものがあります。例えば110ページで紹介した大量破壊兵器「アグネアの矢」を艦載砲として備えているヴィマーナもありました。

迫る！灼熱ボディ
青銅人形タロス
Talos ／出典：ギリシャ神話

基本形状	攻撃手段	サイズ
有翼の人間	投石と発熱	人間よりやや大きい

　ギリシャの最高神ゼウスは、自分の浮気相手である美姫エウロペを外敵から守るため、3つの特別なアイテムを授けました。そのひとつが青銅で作られた自動人形タロスです。

　タロスは人間と同サイズまたはやや大きい程度の外見で、基本的には人間の形をしていますが、背中から翼が生えています。敵を攻撃するときは、敵が遠ければ大きな石を投げつけ、敵が近くにいるときは全身を灼熱させて抱きつくことで相手を殺してしまいます。

　タロスのエネルギー源は身体を流れる神の血"イコル"です。かかとにはこのイコルを注入するときに使ったとおぼしき穴があり、釘で封がされています。これを抜かれるとイコルが流れ出て、タロスは動かなくなってしまいます。

城門破壊と潜入工作の1頭2役
トロイの木馬
Trojan Horse ／出典：『イリアス』

基本形状	攻撃手段	サイズ
馬の模型	潜入工作	乗合バス程度

　ギリシャの神話物語『イリアス』で、難攻不落の要塞都市トロイアを陥落させる原動力になった潜入工作兵器です。城の門を通れないほど大きく作られた木製の馬の像で、内部には10人あまりの戦士が入ることができます。この木馬像がトロイアの城内に運び込まれたら、木馬の中から兵士が出てきて、城の守りを内部から破壊するのです。

　この兵器と作戦を考案したのは、ギリシャ屈指の知恵者である英雄オデュッセウスです。彼はわざと木馬を大きく作って、「この木馬がトロイア城内に入ったらギリシャは戦争に負ける」という偽情報を流しました。それを信じたトロイア軍は、わざわざ城門を壊して巨大な木馬を城内に入れ、まんまと敵兵を内部に呼び込んでしまったのです。

太陽光で敵を焼け！
アルキメデスの熱光線
Archimedes Heat Ray／出典：弁論家ルキアノスの著述（2世紀ギリシャ）

基本形状	攻撃手段	サイズ
無数の鏡	収束太陽光線	無数の鏡

古代の数学者アルキメデスは、イタリアの近くに浮かぶシチリア島の住民でした。この島が当時の最強国ローマの海軍に攻められたとき、彼は「アルキメデスの熱光線」という兵器を発明し、押し寄せるローマの軍船に浴びせて炎上させたという伝説があります。古い伝承にはこの「熱光線」の正体についての記述はありませんが、後世の研究者たちはこの兵器を「金属を磨いた無数の鏡を放物線上に配置し、太陽光の反射を一点に集中させて船を燃やした」と解釈し、海上の船を発火させる実験に成功しています。

なおアルキメデスはこの戦いで、熱光線以外にもクレーンで海上の船をつかんで転覆させるという兵器を開発し、ローマ海軍を大いに苦しめたといいます。

走らせてよし、食べてよし
トールの戦車
Thor's Chariot／出典：北欧神話

基本形状	攻撃手段	サイズ
チャリオット	稲妻／補給	車と同様

世界の神々のなかには、古代の戦争で使われた動物に引かせる戦闘用荷車「戦車（チャリオット）」に乗る者が多数います。多くの「神々の戦車」のなかでも特に有名なのが、北欧神話の最強神である雷神トールが乗る戦車です。トールは、疾走すれば稲妻が光り雷鳴が周囲にとどろくこの戦車に乗って宿敵「巨人族」の戦士たちを殺してまわるため、巨人たちはこの音を聞くだけでトールの来襲に気づいたといいます。

また、戦争において武器以上に重要な「食料」を確保する機能もあります。トールの戦車は2頭の魔法の山羊に曳かせているのですが、この山羊たちは屠殺して肉を食べても、トールが持つミョルニル（➡p12）を振れば翌日には復活するため、トールは延々と戦いを続けることができるのです。

回避不可能！ 必殺トラップ
通天神火柱（つうてんしんかちゅう）
出典：『封神演義（ほうしんえんぎ）』

基本形状	攻撃手段	サイズ
8本の柱	高温の炎	高さ10m

今から約500年前、中国の「明」王朝の時代に書かれたという小説『封神演義』は、約3100年前の中国を舞台にした仙人たちの戦いを描いた作品です。本作には、仙人たちが使う「宝貝（パオペエ）」というアイテムが多数登場します（➡p130）。宝貝の多くは手に持って使えるコンパクトなものですが、なかでも異彩を放っているのがこの通天神火柱です。

通天神火柱は致命的な威力を持つ捕縛罠です。使い手が命令すると、相手を取り囲むように、高さ10m、太さ3m強の8本の柱が地面から生えます。柱には中国の占いなどで使う「八卦」の文字、「乾・坎・艮・震・巽・離・坤・兌」が彫られており、再度命じると柱1本からそれぞれ49匹の竜があらわれて火を吐き、犠牲者を高温で焼き尽くすのです。

179

エピローグ -Epilogue-

 ラクシュミ様、どうでしたか!? いろんな武器を見ていただきましたけど、ヴィシュヌ様へのお誕生日プレゼントは決まりましたか？

どれも素敵な武器ばかりでした、ありがとうございます。
ただあの方にピッタリ来るかというと……
そんなわけで（手をぽんっ！）
プレゼントする武器は、手作りにしたいと思いました♪

 手作り？

 はい♪
では僭越ながら、わたしもお手伝いします♪

こねこね……　こねこね……　こねこね……

 ……なんだか、料理教室じみてきたって気がするよ〜。

ですわね……。

そして、結婚記念日当日……。

 おお！　これが新しい4大武器か！

はい、お気に召すといいのですけれど♥

 ……って、これ武器じゃないって気がするよ！（ですわ！）

主要参考資料

『A Glossary of the Construction, Decoration and Use of Arms and Armor, in All Countries and in All Times』George Cameron Stone (JACK BRUSSEL,Publisher)
『A Selection From The Poetry Of Samuel Daniel And Michael Drayton』Samuel Daniel, Michael Drayton, H. C. Beeching (Kessinger Pub Co)
『Celtic Myth & Legend Poetry & Romance』Charles Squire (The Gresham Publishing Company)
『Celtic Myth and Legend』Charles Squire (Wildside Press)
『Lebor Gabala Erenn Part IV Irish and English Edition』R.A.S. Macalister (Irish Texts Society)
『The Epic of Kings』Ferdowsi (Translated by Helen Zimmern)
『The Four Jeweles of the Tuatha De Danann』Vernam Hull (G.E. Stechert Co.)
『The Harvard Classics Volume 49: Epic and Saga With Introductions And Notes』(BiblioBazaar)
『The Library of Greek Mythology』Apollodorus (Oxford World's Classics)
『he Romance of Tristan by Beroul and Beroul II』Barbara N. Sargent-Baur (University of Toronto Press)
『The Shahnama Of Firdausi』Arthur George Warner, Edmond Warner (Routledge)
『WWⅡドイツ軍ユニフォーム&個人装備マニュアル』菊月俊之 著 (グリーンアロー出版社)
『アーサー王伝説 歴史とロマンスの交錯』青山吉信 著 (岩波書店)
『アーサー王物語 1』トマス・マロリー 著／オーブリ・ビアズリー 画／井村君江 訳 (筑摩書房)
『アーサー王ロマンス原拠の書 ブリタニア列王史』ジェフリー・オブ・モンマス 著／瀬谷幸男 訳 (南雲堂フェニックス)
『アイスランドサガ スールの子ギースリの物語』大塚光子 訳 (三省堂)
『アイスランド小史』グンナー・カルルソン 著／岡沢英美、小森宏美 訳 (早稲田大学出版部)
『アステカ・マヤ・インカ文明事典』エリザベス・バケダーノ 著／川成洋 監修 (あすなろ書房)
『アナバシス―敵中横断6000キロ』松平千秋 訳 (岩波文庫)
『アフリカ神話』ジェフリー・パリンダー 著／山室静 訳 (青土社)
『イーリアス 上下』ホメロス 著／呉茂一 訳 (平凡社)
『インド三国志 砂塵の夢』陳舜臣 著 (講談社)
『インド神話』
『ヴェロニカ・イヨンズ 著／酒井傳六 訳 (青土社)
『インド神話』上村勝彦 著 (東京書籍)
『インド神話伝説辞典』菅沼晃 編 (東京堂出版)
『インドの神々』斉藤昭俊 著 (吉川弘文館)
『ヴァイキング・サガ』ルードルフ・プルトナー 著／木村寿夫 訳 (法政大学出版局)
『ヴェールを脱いだインド武術』伊藤武 著
『エッダ 古代北欧歌謡集』谷口幸男 訳 (新潮社)
『エッダとサガ 北欧古典への案内』谷口幸男 著 (新潮選書)
『オスプレイ・メンアットアームズ・シリーズ』(各種) (新紀元社)
『オスプレイ戦史シリーズ2 イングランドの中世騎士 白ស़の装甲兵たち』クリストファー・グラヴェット、グラハム・ターナー 著／須田武郎、斉藤潤子 訳 (新紀元社)
『オセアニア神話』ロズリン・ポイニャント 著／豊田由貴夫 訳 (青土社)
『オリエント神話』ジョン・グレイ 著／森雅子 訳 (青土社)
『隠し武器総覧』名和弓雄 著 (壮神社)
『カレヴァラ フィンランドの恋する英雄たち』高橋静男 編訳 (筑摩書房)
『カレワラ フィンランド国民的叙事詩 上下』リョンロット 著／森本覚丹 訳 (講談社学術文庫)
『カレワラ物語 フィンランドの神々』小泉保 編訳／川島健太郎 イラスト (岩波書店)
『元祖・神道演義』周金来 改編／倉橋敦司 訳 (文芸社)
『完訳源平盛衰記 三』三野恵 訳 (勉誠出版)
『完訳封神演義 上中下』許仲琳 編 (光栄)

『ギリシア神話』アポロドーロス 著／高津春繁 訳 (岩波文庫)
『ギリシア神話物語事典』バーナード・エヴリン 著／小林稔 訳 (原書房)
『ギリシア・ローマ神話事典』マイケル・グラント、ジョン・ヘイゼル 著／西田実、入江和生、木宮直仁、中道子、丹羽隆子 訳 (大修館書店)
『ギリシア・ローマ神話辞典』高津春繁 著 (岩波書店)
『ギリシャ神話集』ヒューギヌス 著／松田治、青山照男 訳 (講談社学術文庫)
『キリスト伝』ジュゼッペ・リッチョッティ／フェデリコ・バルバロ 訳 (ドン・ボスコ社)
『ケルト幻想民話集』小辻梅子 編訳 (現代教養文庫)
『ケルト事典』ベルンハルト・マイヤー 著／鶴岡真弓 監修／平島直一郎 訳 (創元社)
『ケルト神話の世界』ヤン・ブレキリアン 著／田中仁彦、山邑久仁子 訳 (中央公論社)
『ケルトの神話・伝説』フランク・ディレイニー 著／鶴岡真弓 訳 (創元社)
『ケルトの神話 女神と英雄と妖精と』井村君江 著 (ちくま文庫)
『ケルト文化事典』ジャン・マルカル 著／金光仁三郎、渡邊浩司 訳 (大修館書店)
『ゲルマン神話』
ライナー・テッスナー 著／手嶋竹司 訳 (青土社)
『ゲルマン北欧の英雄伝説 ヴォルスンガ・サガ』菅原邦城 訳 (東海大学出版会)
『現代語で読む歴史文学 古事記』緒方隼人 訳／西沢正史 監修 (勉誠出版)
『現代仏教 平家物語 上中下』中山義秀 訳 (河出文庫)
『原典訳マハーバーラタ 1～8』上村勝彦 訳 (ちくま学芸文庫)
『古アイスランド語入門 序説・文法・テキスト・訳注・語彙』下宮忠雄、金子貞雄 著 (東京大学書林)
『サガから歴史へ 社会形成とその物語』熊野聡 著 (東海大学出版会)
『サガとエッダの世界』山室静 著 (社会思想社)
『酒の神ディオニュソス 放浪・秘儀・陶酔』楠見千鶴子 著 (講談社学術文庫)
『シク教 シリーズ世界の宗教』ニッキーニンデール・コウル・シング 著／高橋堯英 訳 (青土社)
『ジャンガル モンゴル英雄叙事詩 1』若松寛 訳 (平凡社)
『信仰と愛と フランス中世文学集1』新倉俊一、天沢退二郎、神沢栄三 訳 (白水社)
『新装版 ギリシア神話』呉茂一 著 (新潮社)
『神統記』ヘシオドス／廣川洋一 訳 (岩波文庫)
『新版 西洋騎士道事典 人物・伝説・戦闘・武具・紋章』グラント・オーデン 著／ポーリン・ベインズ 絵／堀越孝一 訳 (原書房)
『新版 日本の名鑓』沼田鎌次 著 (雄山閣出版)
『人類の知恵双書3 インドの神々』リチャード・ウォータ一ストーン 著／阿部慈園 監修／藤沢邦子 訳 (創元社)
『人類は核戦争を一度減んだ』D・W・ダヴェンポート、E・ヴィンセンティ 著／橋川卓也、高橋良典 訳 (学習研究社)
『新訳ラーマーヤナ1～7』ヴァールミーキ／中村了昭 訳 (平凡社)
『図説アーサー王の世界』デイヴィッド・デイ／山本史郎 訳 (原書房)
『図説ヴァイキングの歴史』B・アルムグレン 編／蔵持不三也 訳 (原書房)
『図説ギリシア・ローマ神話文化事典』ルネ・マルタン 監修／松村一男 訳 (原書房)
『図説刑罰具の歴史 世界の刑具・拷問具・拘束具』重松一義 著 (明石書店)
『図説ケルト神話物語』イアン・ツァイセック 著／山本史郎、山本泰子 訳 (原書房)
『図説西洋甲冑武器事典』三浦權利 著 (柏書房)
『図説西洋騎士道大全』アンドレア・ホプキンズ 著／松田英、都留久夫、山口恵里子 訳 (東洋書林)
『図説マヤ・アステカ神話宗教事典』メアリ・ミラー、カール・タウベ 著／武井摩利 訳 (増田義郎 監修) (東洋書林)
『スラブの文化 講座スラブの世界第1巻』川端香男里、西中村浩、望月哲男、栗原成郎、坂内徳明、中村喜和、伊東一郎、鐸木道樹 原著／之 編 (弘文堂)
『聖really人名事典』ピーター・カルヴォコレッシ 著／佐崎文男 訳 (教文館)
『世界樹木神話』ジャック・ブロス／藤井史郎、藤田尊潮、善本孝 訳 (八坂書房)
『世界シンボル辞典』ジーン・C・クーパー 著／

岩崎宗治、鈴木繁夫 訳 (三省堂)
『世界神話辞典』アーサー・コッテル 著／左近司祥子、瀬戸井厚子、山口拓夢、宮元啓一、伊塚克巳、左近司彩子 訳 (柏書房)
『世界神話伝説大系 1,10,13,14,20,29,40』(名著普及会)
『世界神話大事典』イヴ・ボンヌフォワ 編／金光仁三郎、大野一道、白井泰隆、安藤俊次、嶋野俊夫、持田明子 訳 (大修館書店)
『世界の恐ろしい話』植田敏郎 編著／池田龍雄 絵 (偕成社)
『1000点世界文学大系北欧篇2 ギスリのサガ アイスランド・サガ』渡辺洋美 訳 (北欧文化通信社)
『世界の英雄伝説2 アーサー王物語 イギリスの英雄と円卓の騎士団』井村君江 著 (筑摩書房)
『世界文学大系 3-2 ヴァールミーキ ラーマーヤナ』岩本裕 訳／阿部知二 訳 (河出書房新社)
『戦争の科学 古代投石器からハイテク、軍事革命にいたる兵器と戦争の歴史』アーネスト・ヴォルクマン 著／茂木健 訳／神浦元彰 監修 (主婦の友社)
『戦争の世界史大図鑑』R・G・グラント 著／樺山紘一 監修 (河出書房新社)
『前太平記 上下』板垣俊一 校訂／高田衛、原道生 責任編集 (国書刊行会)
『戦闘技術の歴史1,2』(創元社)
『全訳バーガヴァタプラーナ クリシュナ神の物語 上中下』美和惠幸 訳 (雲母社)
『太平記 一冊で読む古典』山下宏明 校注 (新潮社)
『筑摩世界文学大系 1,10』(筑摩書房)
『「知」のビジュアル百科 武器の歴史図鑑』マイケル・バイアム 著／川成洋 監修 (あすなろ書房)
『チベット文化史』D・スネルグローヴ、H・リチャードソン 著／奥山直司 訳 (春秋社)
『中国古典文学大系 西遊記 上下』太田辰夫、鳥居久靖 訳 (平凡社)
『中国神話伝説大事典』袁珂 著／鈴木博 訳 (大修館書店)
『中世ヨーロッパ武器・防具・戦術百科』マーティン・J・ドアティ 著／日暮雅通 監訳 (原書房)
『ディオニュソス バッコス信仰の歴史』アンリ・ジャンメール 著／小林真紀子、松村一男、福田素子、前田寿彦 訳 (言叢社)
『デンマーク人の事績』サクソ・グラマティクス 著／谷口幸男 訳 (東海大学出版会)
『東欧を知る事典』伊東孝之、萩原直、柴宜弘、直野敦、南塚信吾 著 (平凡社)
『飛び道具の人類史 火を投げるサルが宇宙を飛ぶまで』アルフレッド・F・W・クロスビー 著／小沢千重子 訳 (紀伊國屋書店)
『トリスタン・イズー物語』ベディエ 編／佐藤輝夫 訳 (岩波文庫)
『日本架空伝承人名事典』大隅和雄、阪下圭八、広末保、西郷信綱、服部幸雄、山本吉左右 編 (平凡社)
『日本書紀』1 井上光貞 監訳／川副武胤、佐伯有清 訳 (中央公論社)
『ニュージーランド神話』アントニー・アルバーズ 編著／井上英明 訳 (青土社)
『バルカンの民話』直野敦、佐藤純一、森安達也、住谷春也 訳編 (恒文社)
『ビジュアル博物館 第60巻 アメリカ・インディアン』デヴィッド・マードック／富田虎男 監修 吉田彰久 訳 (同朋舎出版)
『ビジュアル版 ギリシア神話の世界』リチャード・バクストン 著／池田裕、小畑正嘉、服部厚子、池田太郎 訳 (東洋書林)
『ピュタゴラス伝』イアンブリコス 著／佐藤義尚、岡道男、水地宗明 訳 (国文社)
『ヒンドゥー教の事典』橋本泰元、宮本久義、山下博司 著 (東京堂出版)
『ヒンドゥー神話の神々』立川武蔵 著 (せりか書房)
『ブーメランはなぜ戻ってくるのか』西山豊 著 (ネスコ)
『武器事典』市川定春 著 (新紀元社)
『武器の歴史』クールトラント・カンビー 著／加茂儀一 訳 (恒文社)
『武器 歴史、形、用法、威力』ダイヤグラムグループ 編／田島優、北村孝一 訳 (マール社)
『仏ö辞典』清水乞 編 (東京堂出版)
『フランス中世文学集1 信仰と愛と』新倉俊一、天沢退二郎、神沢栄三 訳 (白水社)
『プルターク英雄伝 1』プルターク 著／鶴見祐輔 訳 (潮出版社)
『プルターク英雄伝 第四巻』プルターク 著／高橋五郎 訳 (国民文庫刊行会)
『別冊歴史読本 29,90』(新人物往来社)

『ペルシア神話』ジョン・R・ヒネルズ 著／井本英一、奥西峻介 訳 (青土社)
『ペルシアの神話「王書」(シャー・ナーメ)より』黒柳恒男 訳 (泰流社)
『封神演義の世界 中国の戦う神々』二階堂善弘 著 (大修館書店)
『北欧神話』パードリック・コラム 著／尾崎義 訳 (岩波少年文庫)
『北欧神話と伝説』グレンベック 著／山室静 訳 (新潮社)
『北欧神話物語』キーヴィン・クロスリイ・ホランド 著／山室静、米原まり子 訳 (青土社)
『ホメーロスの諸神讃歌』ホメロス 著／沓掛良彦 訳註 (平凡社)
『マオリの神話 南太平洋の神々と英雄たち』アントニー・アルバーズ 編著／井上英明 訳 (サイマル出版会)
『マハーバーラタ 1～9』山際素男 編訳 (三一書房)
『マビノギオン ケルト神話物語』シャーロット・ゲスト 著／アラン・リー イラスト／井辻朱美 訳 (原書房)
『マビノギオン 中世ウェールズ幻想物語集』中野節子 訳／徳岡久生 協力 (JULA)
『マヤ・アステカの神話』アイリーン・ニコルソン 著／松田幸雄 訳 (青土社)
『南アフリカの歴史』レナード・トンプソン 著／宮本正興、吉鹽恒雄、峯陽一、鶴見直城 訳 (明石書店)
『民族の世界史10 スラブ民族と東欧ロシア』森安達也、伊東一郎、栗原成郎、直野敦、永田雄三、川端香男里 著 (山川出版社)
『名作オペラリックス15 魔弾の射手』アッティラ・チャンバイ、ディートマル・ホラント 編／久保田慶一 訳 (音楽之友社)
『ユーゴスラビアの民話2』山城洋、山崎淑子 訳 (恒文社)
『ラーマーヤナ 1～2』ヴァールミーキ 著／岩本裕 訳 (東洋文庫)
『ロシアの神話』G・アレグザンスキー、F・ギラン 著／小海永二 訳 (みすず書房)
『ロシアフォークロアの世界』伊東一郎 著 (群像社)

The Electronic Text Corpus of Sumerian Literature
http://etcsl.orinst.ox.ac.uk/

各小事典に掲載した武器の寸法、重量は、JACK BRUSSEL,Publisher (A Glossary of the Construction, Decoration and Use of Arms and Armor: in All Countries and in All Times) と、著者『市川定春』様の許諾を得て、新紀元社『武器事典』記載のデータを参考にさせていただきました。

◆資料協力
赤穂大石神社

イラストレーター紹介

この「萌える！神聖武器事典」のために、なんと54名ものイラストレーター様が、素敵なイラストを描き下ろしてくださったのですよ。感謝を込めてみなさまをご紹介します！

蔓木鋼音

●表紙

始めましての方もそうでない方もご購入ありがとうございます。カバーを任せていただきました。大きいハンマーってロマンなんですけど、絵にすると画面占有面積が大きくてトール（女子）との両立に苦労しました。気に入っていただけたら幸いです。

古代製鉄所～たたらば～
http://tataraba.blog35.fc2.com/

C-SHOW

●案内キャラクター
●カットイラスト
●巻末コミック

日本刀、聖剣魔剣と続いたエクストラシリーズですが、今回もナビキャラとカットを描かせていただきました。ラクシュミさんは女神事典からの出張ですので、そちらも見ていただけると嬉しいです。

おたべや
http://www.otabeya.com/

湖湘七巳

●武器アイコンカット
●カットイラスト

イラストカットを担当させていただきました、湖湘七巳です。今回担当させていただいたイラストカットの内、一部のみ私が担当した物とは気づかれないだろうなーと思いながらニコニコしている物もございます。色々なお仕事の機会をいただけ感謝です！

極楽浄土彼岸へ遥こそ
http://homepage3.nifty.com/shichimi/

こぞう

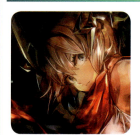

●ミョルニル(p14)

絵が上手に描ける神聖武器とかないですかね…

少年少女隊。
http://soumuden.blogspot.jp/

えめらね

●ミストルテイン(p17)

「ミストルテイン」を担当いたしましたえめらねです。盲目の目の表現って意外と難しいです。それにしても悪い子ですね、ロキ。この神話のように、悪い人に騙されて知らず知らずの内に悪事に加担したりしないよう、普段から気を付けないといけません。

AlumiCua
http://emerane.dokkoisho.com/index.html

天領寺セナ

●グングニル(p19)

初めましてこんにちは。天領寺セナと申します！今回はグングニルを描かせて頂きました。ゲームやアニメなどでよく耳にする名前ですが、伝説の武器ってワクワクしてきますよね。
一緒にいる動物も描いていてとても楽しかったです。

Rosy lily
http://www.lilium1029.com/

銀治

●オティヌスの弩(p25)

初めまして。銀治と申します。オティヌスの弩を描かせていただきました。大きなクロスボウって下手な銃より威力があるらしいですよ。結構な浪漫武器ですよね。普段は女の子の他にモンスター等も描きます。今回の眼帯っ娘が気に入っていただければ幸いです。

pixiv ページ
http://www.pixiv.net/member.php?id=2309638

cibo

●ヨウカハイネンの弩（p27）

はじめまして「ヨウカハイネン」を担当させていただきましたciboと申します。躍動感のあるイラストは普段あまり描かないので楽しく制作させていただきました。クロスボウを放つ瞬間なのですが、矢筒に二本矢があるので物語通りだとこの矢は…。

pixiv ページ
http://www.pixiv.net/member.php?id=2565617

匡吉

●ルーの槍(p31)

初めまして、匡吉（まさきち）と申します。ルーは本書のタイトル通りに神聖なイメージでデザインしてみました。ケルトには王道な幻想ファンタジーを感じていながら、これまで具体的に考えてこなかったような気もしています。楽しんで描かせていただきました。

masamasaworld
http://masamasaworld.nobody.jp

ミズツ

●タスラム(p33)

タスラムは素材が素材なため一種の呪い的なアイテムで、神聖な太陽神であるルーと合わせるのに苦労しました。
伝承ごとに素材もいろいろ違いますし、この書籍を手に歴史書を調べてみるとまた違った楽しみ方が出来るかもしれません。

pixiv ページ
http://www.pixiv.net/member.php?id=525603

武田あらのぶ

●ダグザの棍棒(p35)

ダグザの棍棒を描かせて頂きました、武田あらのぶです。普段、漫画をメインに描いているイラストはとても緊張しました！ セクシーでいてそれを損なわない程度に筋肉質…みたいなニュアンスがうまく出せれていればな、と思います。

pixiv ページ
http://www.pixiv.net/member.php?id=256

かなりあ

●ルーン(p37)

ルーンは毒舌な性格でタマオシコガネの舌って呼ばれていたのでSっぽいお姉さんちっくにしてみました。けど皆さん安心してください、この子…ちゃんと履いてますよ！！！！！

フウセンカズラ
http://blogkashira.blog18.fc2.com/

ミヤジマハル

●ロンゴミアント(p45)

ロンゴミアントを担当させて頂いたミヤジマハルと申します。ロンゴミアントを携え、モルドレッドと一騎討ちに向かうアーサー王のイメージで描きました。萌えとアーサー王らしい威厳のようなものが表現できていれば幸いです。

HARU
http://harugraphics.ame-zaiku.com/

くらなが

●無駄なしの弓(p47)

今回、「無駄なしの弓」を描かせて頂いたくらながです。萌える！事典シリーズに参加することができてとても嬉しいです！仕掛け弓の表現方法が難しかったです。トリスタンは竜を倒す凄い騎士なので、かわいさの中に勇ましさを感じて頂けると幸いです。

Seven walkers
http://sevenwalkers.web.fc2.com/

瞭

- ピグウィギンの槍(p49)
- シャバル・シューギン(p117)

今回、ピグウィギンの槍を描かせていただきました瞭と申します。ハサミムシに乗って戦う妖精さんという事で、勇ましさも備えつつ妖精さんの可愛さを出せるようにするのが大変でしたが、鎧を描く事が大好きなのでとても幸せでした。

瞭イラスト保管庫
http://effortryo.tumblr.com/

浜田遊歩

- アダマスの鎌(p53)

この度、アダマスの鎌を担当させていただきました浜田遊歩です。神話を題材にするのはとても想像が膨らみ、描いていてとても楽しい1枚になりました。鎌を振るうクロノスの苛烈さと魅力が表現できていたら幸いです。

FOSSIL ANTIQUE.com
http://fossil-antique.com/

sakusaku

- テュルソス(p61)

今回テュルソスのイラストを製作する際に、ギリシャ神話の神々について調べてみましたが、そのどれもが魅力的で、面白いエピソードがありました。その中でもテュルソスを持つ神ディオニュソスは、お酒の神様ということもあり、少し親近感を感じました。

sakusaku
http://hermitcrab1234.blog.fc2.com/

雪子

- アキレウスの槍(p63)

「アキレウスの槍」担当させて頂きました、雪子です。今回も可愛い女の子が描けて幸せでした。2人のシチュエーションが上手く出せるよう、頑張りました。

雪子ブログ
http://ameblo.jp/yuinokoe/

tecoyuke

- ヒュドラの毒矢(p65)

今回はヘラクレスの使うヒュドラの毒矢という武器を担当させていただきました。戦っている場面にしたかったので、巨人ギガスに毒矢を射るシーンを描いてみました。巨大な敵に立ち向かう、格好良く可愛いな女の子を目指したのですがどうでしょう。

pixiv ページ
http://www.pixiv.net/member.php?id=4857336

葉山えいし

- 金の穂先の槍(p69)

金の穂先の槍の女の子を描かせていただきました、葉山と申します。槍を手にして自信満々な、はしゃいだ感じをイメージしてみました！

pixiv ページ
http://www.pixiv.net/member.php?id=176200

斎創

- マルテ(p71)

マルテを担当させていただきました！ 悪役の武器との事なので、悪い表情を描くのが大変楽しかったです！

pixiv ページ
http://www.pixiv.net/member.php?id=25533

那流

- ロムルスの槍(p73)

今回「ロムルスの槍」を担当させていただきました那流と申します。制作にあたってローマの神話について調べたのですが、とても面白く、ローマ史に魅力を感じざるをえませんでした。イラストでもローマの力強い空気を表現できていたらいいなと思います。

marucheese
http://pktno.blog.fc2.com/

けいじえい

●フライクーゲル(p75)

フライクーゲルを担当させて頂きました。主役は武器ではなく弾と言う事で、すごく悩んだ末に製作行程を描いてみる事にしましたよ。もちろんBGMはT○Rのあの曲ですw

pixiv ページ
http://www.pixiv.net/member.php?id=5021528

ボン・トク

●六枚羽根の黄金色の槌矛(p77)

こういう昔の歴史ってほんとファンタジーですよね。おもしろくて好きです。

pixiv ページ
http://www.pixiv.net/member.php?id=1529782

れんた

●ペルーンの斧(p79)

「ペルーンの斧」を担当させて頂きました、れんたと申します。大きな斧を投げつける神様という事で、活発な感じの子をイメージして描いてみました。……ので、そのように見えていたら嬉しいです。＞＜

既視感
http://detectiver.com/

根岸千秋

●ヤグルシ＆アイムール(p83)

武器といっても棍棒は、普段仕事でも趣味でも中々描かない種類だったので、今回ヤグルシ＆アイムールを描かせていただいて良い経験になりました。投げつけるという使い方もあるようなので、先端はシャープにしてみました。

hodo-hodo
http://negishi.res-note.com/

mado*pen

●シタ＆ミトゥム(p85)

初めまして、「シタ＆ミトゥム」を描かせて頂きました、mado*penと申します。
この度は事典シリーズに参加させて頂けまして、とても光栄です。シュメール神話のイラストを描くのは初めてだったので、新鮮で楽しかったです！

Penguin Studio
http://penguin-studio.net

Genyaky

●ロンギヌスの槍(p88)

初めまして、Genyakyと申します。今回はロンギヌスの槍を描かせていただきました！　こういった聖遺物のお話はすごくわくわくしますよね！　つい時間を忘れて読みふけってしまいます。中二心をくすぐられる……

SHELLBOX
http://genyaky.blog.fc2.com/

尋

●牛頭の槌矛(p91)

はじめまして！尋と申します。「牛の頭をかたどった槌矛」というわけのわからない武器を担当させていただきましたが、わけのわからないもの程デザインを考えているときに楽しいものはありませんね。創作意欲を掻き立てられますね！

pixiv ページ
http://www.pixiv.net/member.php?id=11025789

こるた

●クマグドラックの魔の矢(p93)

はじめまして、こるたと申します。クマグドラックの伝説を読んで「最強武器だ！」と驚きました。その強さのひとつである"誘導性のある矢"を表現するため動きのある構図にしました。キャラの萌えと武器の強さの両方が伝われば幸いです。

pixiv ページ
http://www.pixiv.net/member.php?id=114299

185

大山ひろ太

●虹の弓(p97)

今回「虹の弓」を担当した大山ひろ太と申します。一体どんな味のする星なのか気になりつつ、褐色太眉を楽しく描かせて頂きました。褐色太眉毛大好きです。

pixiv ページ
http://pixiv.me/sentaro-mm

閏あくあ

●ムリ・ランガ・フェヌアの顎の骨(p99)

ムリ・ランガ・フェヌアの顎の骨を担当いたしました閏あくあと申します。神様の下顎を武器にしてしまうなんてえげつないなぁもかっこいいと思いながら描かせていただきました。ありがとうございました！

pixiv ページ
http://www.pixiv.net/member.php?id=4057947

nove

●ヴァジュラ(p104)

ヴァジュラとその持ち主であるインドラを描かせていただきました。戦いの神らしく好戦的で勝気な姿のおねーさんに見えれば嬉しいです。ヨコ構図のレイアウトを張り切って頑張りました。

pixiv ページ
http://www.pixiv.net/member.php?id=892097

菊屋シロウ

●スダルシャナ(p107)

スダルシャナを描かせていただきました、菊屋シロウです。伴侶を自ら助けに行くような、活発な女の子として描きました。少し露出が多めですが、動きやすさ重視！で本人が選んでいるイメージです。貴金属装飾たくさんで描くのが楽しかったです！キラキラ！

菊と白雪
http://kikuya.whitesnow.jp/

此処シグマ

●アグネアの矢(p111)

アグネアの矢はインダス文明の神話にまつわる兵器だそうです。インダス文明の服装は資料ではパターンの多い布だったのですが、それひとつひとつが分離して見えるためシンプルに描きました。実際には放ったのではなく投擲したというお話もあるそうですね。

pixiv ページ
http://www.pixiv.net/member.php?id=120048

パプリカ色素

●ガーンディーヴァ(p113)

武器を意識して描くことがほとんど無いので、いい機会だと思い参加させて頂きました。ガーンディーヴァはインドの弓ということで、象牙をモチーフにしてみました。武器も女の子もメインに描くのは難しかったけれど楽しく描かせてもらいました。

pixiv ページ
http://www.pixiv.net/member.php?id=1285342

御園れいじ

●グブ(p115)

今回「グブ」を担当させて頂きました、御園と申します。全力投球するのもなんだかイメージ的に似合わなさそうな爆弾だったので、優雅に天変地異を起こしてみました。優雅に。

Grazie!!!
http://algirl.vni.jp/

あとり

●天之瓊矛(p123)

二人の神様を楽しく描かせて頂きました、贅沢に露出したじっくりとふとももを堪能して頂ければ幸いです。今回は正統派な可愛い女の子ですが、ヤンデレになったイザナミ様もきっととても可愛いと思います。

pixiv ページ
http://www.pixiv.net/member.php?id=755232

にもし

●天之麻迦古弓＆天羽々矢（p125）

この度はアメノマカゴノユミ＆アメノハバヤを描かせていただきました。ロリとお姉さんを一枚に収めることができて幸せでございました！ありがとうございました！

CHERCHER
http://stellarsky.odaikansama.com/

紺藤ココン

●雷上動と水破＆兵破（p127）

今回は和と中華の共演！国を越えた古代の弓矢を担当しました。兵器のようなカッコイイ名前に妖怪退治とロマンいっぱいです。イラストはそんな要素の詰め合わせで夢の中のちょっと不思議な空間をイメージしています。お楽しみいただければ幸いです。

Snowfoxx.com
http://snowfoxx.com//

高橋ろでむ

●如意金箍棒（p129）

孫悟空の如意棒が黒だというのは今回始めて知りました。勉強になります。漫画の影響でなんとなく赤だと思ってたんですよね…。

pixiv ページ
http://www.pixiv.net/member.php?id=814899

いぞべあげ

●乾坤圏＆火尖槍（p131）

乾坤圏と火尖槍の担当をしました、いぞべあげと申します。これを描いてるのが冬で良かったなぁと思いつつ、ツインテール少女と炎の組み合わせはすごく楽しかったです。きっと服とか焦がしちゃったりしちゃうんでしょうね…！

pixiv ページ
http://www.pixiv.net /member.php?id=2819770

あまぎゆきかぜ

●武器イラスト原画（パイク、フランキスカなど）

武器イラストを担当させていただいたあまぎです。きっと次にはこの武器を持ったスケスケ衣装の女の子の発注が……来るといいな～（遠い目）

立見いづく

●武器イラスト彩色

はじめまして、立見いづくと申します。武器の彩色を担当しました。今回は色々な武器が塗れて楽しかったです。フレイルいいよね…

EXIT776!
http://exit776.blog34.fc2.com/

萌える！神聖武器事典　STAFF

著者	TEAS 事務所
監修	寺田とものり
テキスト	岩田和義（TEAS 事務所）
	林マッカーサーズ（TEAS 事務所）
	岩下宜史（TEAS 事務所）
	桂令夫
	たけしな竜美
	鷹海和秀
協力	當山寛人
本文デザイン	株式会社 ACQUA
	小西真央
	前角亮太
カバーデザイン	筑城理江子

ヴィシュヌ様♥
この本を作った「株式会社 TEAS 事務所」という会社の皆さんは、書籍や雑誌の執筆や編集をされているそうですよ？

ほうほう、彼らはこの本以外の「萌える！事典シリーズ」の情報も発信しているのだな。ラクシュミ、この URL にアクセスしてくれないか？

https://twitter.com/studioTEAS
http://www.studio-teas.co.jp/

ari

●グラーシーザ(p23)

pixiv ページ

http://pixiv.me/latitude_aszw

墨洲 (すみす)

●ゲイ・ボルグ(p40)

ぱれっとぱれーど

http://paletteparade.seesaa.net/

夢双ゆち (むそう)

●ガ・ジャルグ＆ガ・ボー(p43)

TotoPachi

http://chouettetp.blog.fc2.com

こるせ

●トライデント(p55)

pixiv ページ

http://www.pixiv.net/member.php?id=3335331

ハル犬 (けん)

●アポロンの弓矢＆アルテミスの弓矢(p58)

八月二日

http://0802haruken.blog46.fc2.com/

木五倍子 (きぶし)

●シウコアトル(p95)

Five Fairies of Forests Blog

http://blog-fff.seesaa.net/

三井トモスミ (みつい)

●トリシューラ(p109)

BAD SHEEP WEB

http://bswb.blog110.fc2.com/

藤井英俊 (ふじい えいしゅん)

●武器イラスト原画（メイス、コンポジットボウなど）

Vector scan

http://vectorscan.exblog.jp/

しかげなぎ

●カットイラスト

pixiv ページ

http://www2u.biglobe.ne.jp/~nagi-s/

ここまで読んでくれてありがとうって気がするよ～!!

■索引

項目名	分類	ページ数
『イリアス』	神話伝承・物語・資料	62、178
アーサー王（アルスル）	神聖武器の使い手（人物）	44、46、48
『アーサー王伝説』	神話伝承・物語・資料	46、48、87
アールシェピース	実在の武器（槍）	142
アイムール	神聖武器（棍棒）	82、152、166
アキレウス	神聖武器の使い手（半神半人）	28、62
アキレウスの槍	神聖武器（槍）	62
アクゥー	実在の武器（斧）	149
アグネアの矢	神聖武器（矢）	110、178
アシュヴァッターマン	神聖武器の使い手（人物）	110
アストルフォ	神聖武器の使い手（人物）	68
アセガイ	実在の武器（投げ槍）	143
アダマスの鎌	神聖武器（鎌）	52
アトルアトル	実在の武器（投擲器）	94、172、175
アフリカ投げナイフ	実在の武器（投擲武器）	171
アポロン	神聖武器の使い手（神）	28、56、57、64、70、158
アポロンの弓矢	神聖武器（弓矢）	56、57、158
天之麻迦古弓	神聖武器（弓）	124
天之瓊矛	神聖武器（矛）	122
天羽々矢	神聖武器（矢）	124
アメノワカヒコ	神聖武器の使い手（人物）	124
アルキメデスの熱光線	神話伝承の兵器	179
アルジュナ	神聖武器の使い手（半神半人）	110、112、119
アルテミス	神聖武器の使い手（神）	28、56、57
アルテミスの弓矢	神聖武器（弓矢）	56、57
アルバレスト	実在の武器（弩）	163
イザナギ	神聖武器の使い手	122、132
イザナミ	神聖武器の使い手	122
イナンナ	神聖武器の使い手（神）	84
イングリッシュロングボウ	実在の武器（弓）	162
インドラ	神聖武器の使い手（神）	80、96、102、103、110、112、119
ヴァジュラ	神聖武器（戦輪）	98、102、103、120
ヴィーラント	鍛冶師	21
ヴィシュヌ	神聖武器の使い手	102、106、119
ヴィマーナ	神話伝承の兵器	178
ウイングド・スピア	実在の武器（槍）	141
ウールミ	実在の武器（特殊武器）	174
ウォー・ピック	実在の武器（特殊武器）	174
ウォーハンマー	実在の武器（槌）	156
ウッコ	神聖武器の使い手	80
ウラノス	その他の神仏	52
ヴリトラ	怪物・超常存在	102、103、120
エウリュトス	怪物・超常存在	60
エクスカリバー	聖剣・魔剣	44
『エッダ』	神話伝承・物語・資料	20
エントレンチング・ツール	実在の武器（特殊武器）	175
オーディン	神聖武器の使い手（神）	13、16、18、20、24、26
オグン	鍛冶師	100
オシェ	実在の武器（斧）	80
オティヌス	神聖武器の使い手（人物）	24
オティヌスの鷲	神聖武器（鷲）	24、158
オベロン	怪物・超常存在	48
ガ・ジャルグ	神聖武器（投げ槍）	42
ガ・ボー	神聖武器（投げ槍）	42
ガーンディーヴァ	神聖武器（弓）	112、158
化血神刀	聖剣・魔剣	130
ガストラフェテース	実在の武器（弩）	163
カスバル	神聖武器の使い手（人物）	74
火尖槍	神聖武器	130
火竜鏢	神聖武器（投擲武器）	130
『カレワラ』	神話伝承・物語・資料	26
キェルブン・ナンシェルーボ	神聖武器の使い手（人物）	114
ギガス	怪物・超常存在	60、64
ギサルメ	実在の武器（長柄武器）	150
牛頭の槌矛	神聖武器	90
キュクロプス	鍛冶師	28、54
『キルッフとオルウェン』	神話伝承・物語・資料	44
金棍	神聖武器（棍棒）	130
金の穂先の槍	神聖武器（槍）	68
クー・フーリン	神聖武器の使い手（半神半人）	34、38、39
クォータースタッフ	実在の武器（棍棒）	157
グブ	実在の武器（爆弾）	114
クマグドラック	神聖武器の使い手（人物）	92
クマグドラックの魔の矢	神聖武器（矢）	92
グラーシーザ	神聖武器（手槍）	22
クラレヴィチ・マルコ	神聖武器の使い手（人物）	76
クリシュナ	神聖武器の使い手（半神半人）	106、112、119
『狂えるオルランド』	神話伝承・物語・資料	68
クルタナ	聖剣・魔剣	21
グレイヴ	実在の武器（長柄武器）	150
クレーニュ	鍛冶師	50
クロノス	神聖武器の使い手（神）	52、54
グングニル	神聖武器（投げ槍）	18、20
ゲイ・ボルグ	神聖武器（投げ槍）	38、39、136、166
ケイロン	怪物・超常存在	62、64
『ゲスタ・ダノールム』	神話伝承・物語・資料	24
ケルトハル	神聖武器の使い手	36
乾坤圏	神聖武器（戦輪）	130
『恋するオルランド』	神話伝承・物語・資料	68
ゴヴニュ	鍛冶師	50
『古事記』	神話伝承・物語・資料	120、122
コシャル・ハシス	鍛冶師	82
コンポジットボウ	実在の武器（弓）	160、162
サイズ	実在の武器（長柄武器）	147、151
『西遊記』	神話伝承・物語・資料	128、130
ザッハーク	人物	90
サバラ	神聖武器の使い手（人物）	116
サリッサ	実在の武器（槍）	137、138、140
シヴァ	神聖武器の使い手（神）	108、119
シウコアトル	神聖武器（投擲器）	94
シタ	神聖武器（棍棒）	84、152
『王書』（シャーナーメ）	神話伝承・物語・資料	90
シャタグニー	神話伝承の兵器	177
シャバル・シュギン	神聖武器（斧）	116
『ジャンガル』	神話伝承・物語・資料	116
シンドリ	鍛冶師	12、21
水破	神聖武器（矢）	126
『スールの子ギースィのサガ』	神話伝承・物語・資料	22
スカサハ	神聖武器の使い手（神）	38
スタッフ・スリング	神聖武器（投擲武器）	164、173
スピアスロウワー	実在の武器（投擲器）	172
『スリュムの歌』	神話伝承・物語・資料	13
スリング	実在の武器（投擲武器）	32、164、173
スリングショット	実在の武器（射出武器）	164
スレイプニル	怪物・超常存在	20
青銅人形タロス	神話伝承の兵器	177
ソルケル	神聖武器の使い手（人物）	22
孫悟空	神聖武器の使い手（神）（超常存在）	128、130
ダグザ	神聖武器の使い手（神）	34、50
ダグザの棍棒	神聖武器（棍棒）	34、50
打神鞭	神聖武器（棍棒）	130
タスラム	神聖武器（弾丸）	30、32
ダング	実在の武器（槍）	141
チャクラム	実在の武器（投擲武器）	106、172
通天神火柱	神話伝承の兵器	179
ディオニュソス（バッコス）	神聖武器の使い手（神）	60
ディルムッド・オディナ	神聖武器の使い手（半神半人）	42
テポストピリー	実在の武器（特殊武器）	175
デュランダル	聖剣・魔剣	21
テュルソス	神聖武器（杖）	60
トヴァシュトリ	鍛冶師	102、120
ドゥフタハ	神聖武器の使い手	36
ドゥルガー	神聖武器の使い手（神）	108
トール	神聖武器の使い手（神）	12、13、18、20、26、80、179
トールの戦車	神話伝承の兵器	179
トバルカイン	鍛冶師	100
トマホーク	実在の武器（投擲武器）	169、171
トライデント	神聖武器（槍）	54、136
トライデント（実在の武器）	実在の武器（槍）	143
トリシューラ	神聖武器（槍）	108
トリスタン	神聖武器の使い手	46
『トリスタン・イズー物語』	神話伝承・物語・資料	46
トロイの木馬	神話伝承の兵器	56、178
哪吒	神聖武器の使い手（半神半人）	130
虹の弓	神聖武器（弓矢）	96
『日本書紀』	神話伝承・物語・資料	122
如意金箍棒	神聖武器（棒）	128、152
人間武骨	実在の武器	132
『ニンフィディア』	神話伝承・物語・資料	48
鵺	怪物・超常存在	126
ネッソス	怪物・超常存在	64
ノブケリーエ	実在の武器（投擲武器）	143、170
バアル	神聖武器の使い手（神）	82
パイク	実在の武器（槍）	138、139、140
バグ・ナウ	実在の武器（槍）	142
バトルアックス	実在の武器（斧）	148、151
バリガン	神聖武器の使い手（人物）	70
バルチザン	実在の武器（槍）	142
ハルバード	実在の武器（斧槍）	142、147、150
バロール	その他の神仏	32、34、36
ハンドクロスボウ	実在の武器（弩）	163
ビグウィギン	神聖武器の使い手（妖精）	48
ビグウィギンの槍	神聖武器（槍）	48
ピペンニス（ファスケス）	実在の武器（斧）	149
ヒュドラ	怪物・超常存在	64
ヒュドラの毒矢	神聖武器（矢）	64
兵論	神話伝承・物語・資料	126
『ピラト行伝』	神話伝承・物語・資料	86
ピルム	実在の武器（投擲槍）	139、143、173
ファリードゥーン	神聖武器の使い手（人物）	90
ブージ	実在の武器（斧）	149
ブーメラン	実在の武器（投擲武器）	106、168、170
フェンリル	怪物・超常存在	20
フギン	怪物・超常存在	20
フライクーゲル	神聖武器（弾丸）	74
ブラダマンテ	神聖武器の使い手（人物）	68
ブラフマーストラ	神話伝承の兵器	177
フランキスカ	実在の武器（斧）	171
ブランディストッコ（ブランドエストック）	実在の武器（斧槍）	151
ブリギッド	鍛冶師	50
『ブリタニア列王史』	神話伝承・物語・資料	44
ブルンバタ	実在の武器（投擲武器）	173
フレイル	神聖武器（槌）	157
ブローパイプ	実在の武器（射出武器）	164
ブログ	鍛冶師	12、21
ブロッド	実在の武器（射出武器）	164
『フンディング殺しのヘルギの歌』	神話伝承・物語・資料	20
『平家物語』	神話伝承・物語・資料	126
ペザルタ	聖剣・魔剣	42
ヘズ	神聖武器の使い手	16、24
ヘッドアックス	実在の武器（斧）	151
ヘパイストス	鍛冶師	28、57
ヘラクレス	神聖武器の使い手（半神半人）	60、62、64、152
ペルーン	神聖武器の使い手（神）	78、80
ペルーンの斧	神聖武器（斧）	78
『変身譚』	神話伝承・物語・資料	54
『封神演義』	神話伝承・物語・資料	130、179
ホースマンズ・アックス	実在の武器（斧）	148
ボーラ	実在の武器（投擲武器）	168、172
ボール・アンド・チェイン	実在の武器（槌）	157
ポセイドン	神聖武器の使い手（神）	28、54
マウイ	神聖武器の使い手（神）	98
マックス	神聖武器の使い手（人物）	74
『マハーバーラタ』	神話伝承・物語・資料	103、110、112、119、177
マルテ	神聖武器（槍）	70
ミームング	聖剣・魔剣	21
ミストルテイン	神聖武器（投げ槍）	16
ミトゥム	神聖武器（棍棒）	84、152
源頼政	神聖武器の使い手（人物）	126
ミノタウロス	怪物・超常存在	66
ミョルニル	神聖武器（槌）	12、13、18、20、21、78、166、179
ミリタリーフォーク	実在の武器（槍）	142
無駄なしの弓	実在の武器（弓）	46
ムニン	怪物・超常存在	20
ムリ・ランガ・フェネアの顎の骨	神聖武器（棍棒？）	98
メイス	実在の武器（槌）	76、84、90、156
モーニングスター	実在の武器（槌）	157
ヤオ族の神	神聖武器の使い手（神）	96
ヤグルシ	神聖武器（棍棒）	82、152、166
ヤム	その他の神仏	82
ヨウカハイネン	神聖武器の使い手（人物）	26
ヨウカハイネンの鷲	神聖武器（鷲）	26
養右基	神聖武器の使い手（人物）	126
ヨルムンガンド	怪物・超常存在	12、13、20
雷上動	神聖武器（弓）	126
ラブリュス	実在の武器（斧）	66
ランス	実在の武器（槍）	48、138、139、141
リブ	鍛冶師	120
ルー	神聖武器の使い手（神）	30、32、34、36
ルーの槍	神聖武器（投げ槍）	30、34、136、166
ルーン	神聖武器（槍）	36
『レカンの黄書』	神話伝承・物語・資料	30
『ローランの歌』	神話伝承・物語・資料	70
ロキ	神聖武器の使い手（神）	12、13、16、20、21
六枚羽根の黄金色の槌矛	神聖武器（棍棒）	76
ロムルス	神聖武器の使い手（半神半人）	72
ロムルスの槍	神聖武器（投げ槍）	72
ロン	神聖武器（槍）	44
ロンギヌス	神聖武器の使い手（人物）	86、87
ロンギヌスの槍	神聖武器（槍）	44、86、87、100
ロンゴミアント	神聖武器（槍）	44

萌える！事典シリーズ
キャラクター相関図

これまでの「萌える！事典シリーズ」の案内役をつとめたキャラクターのうち、本書の案内役と関係の深いキャラクターの人物関係を紹介します。
また、このページで紹介したキャラクターが登場するシリーズ書籍についてもご紹介します。

アーサー王伝説＆ケルト神話

アーサー王 ─ 剣をくれ！ → ヴィヴィアン ← お得意様 ─ ブリギッド
かつての愛剣 ↓　アヴァロンの住人　お隣さま　剣づくりの先生
キャリバーン　　ブリギッド様のおとも：ライト／レフト

萌える！聖剣・魔剣事典
「新しいエクスカリバーが欲しい！」アーサー王の無茶振りに、湖の精霊ヴィヴィアンと鍛冶師ウェルルゥはてんてこまい！ 理想の一振りを生み出すことはできるのか？

インド神話

ヴィシュヌ ─ ラブラブ夫婦 ♥ ─ ラクシュミ
武器を注文

萌える！ヴァルキリー事典
主神オーディンに仕えるヴァルキリーの「労働争議」は苦難の連続！ 賃金アップを勝ち取れるのか？ 北欧神話のヴァルキリーと女神のすべてを知る一冊。

北欧神話

ファフニール　　オーディン ← お師匠様（クソジジイ）
　↓押しかけ女房　↓娘で部下　溺愛 → スクルド ← 友達！
　迷惑！　　　　　　　　　　おじいさま♥
ジークフリート ─ 好き♥ → ブリュンヒルデ ← うるさい先輩
　　　　　　　　　　　　　　　　　　　　女神の先生
　　　　　　　　　　　　　　　　　　　　女神の先生

次の「萌える！事典シリーズ」は、「萌える！ドラゴン事典」近日発売予定です！

応龍

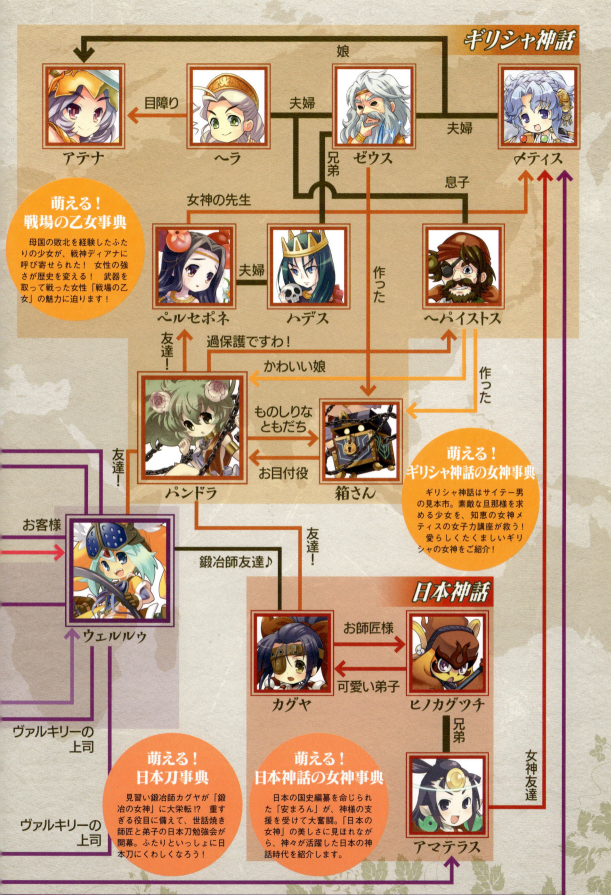

〈萌える！事典シリーズEXTRA〉

萌える！ 神聖武器事典

2016年2月29日 初版発行

著者	TEAS 事務所
発行人	松下大介
発行所	株式会社 ホビージャパン
〒151-0053	東京都渋谷区代々木2-15-8
電話	03（5304）7602（編集）
	03（5304）9112（営業）
印刷所	株式会社廣済堂

乱丁・落丁（本のページの順序の間違いや抜け落ち）は購入された店舗名を明記して当社パブリッシングサービス課までお送りください。送料は当社負担でお取り替えいたします。但し、古書店で購入したものについてはお取り替えできません。
禁無断転載・複製

© TEAS Jimusho 2016
Printed in Japan
ISBN978-4-7986-1176-1 C0076